Overcome

自我啟發之父
阿德勒的不完美人生指引

克服與重生

What Life
Should Mean to You

阿德勒Alfred Adler／著
啟思療癒小組／編譯

Rebirth

不完美的完美

阿爾弗雷德・阿德勒（Alfred Adler）生於奧地利維也納，一個名為魯道夫斯海姆的小鎮。他從小就因為患有佝僂病而身體虛弱，導致他無法和一般孩童一樣跑跳自如，這也讓阿德勒產生深深的自卑感。在歷經種種磨難之後，他決定成為一名醫師。阿德勒曾說：「我的童年生活籠罩著對死亡的恐懼，和因為身體虛弱而感到的憤怒。」這些幼年經驗使他強調早期記憶對個體心理的重要影響，亦成為他日後創立個體心理學的重要養分。

阿德勒的個體心理學派對後來西方心理學的發展具有重要意義。他將人視為天生的社會動物，並提出「創造性自我」，將人視為最小單位。阿德勒亦是認知取向的先鋒，認為意識是人格的中心，進而影響人類的行為。由此而發展的短期成長模式，可以運用的對象、型態範圍極廣，對於日後的諮商學派影響巨大，建立的「學校心理衛生中心」更相當於現在的學校諮商中心。

當然，距今已逝世八十多年的阿德勒，其所提出的理論有許多早已不合時宜。例如，阿德勒認為同性戀與賣淫和犯罪一樣，將這些行為皆放在「失敗的生活表現方式」之中。但是，不可否認的，阿德勒的許多觀念和想法仍深深影響現今的心理學界，甚至是一般大眾。就像本書，阿德勒提出人生必須面對的三大課題——職業、交際和性別。再針對家庭、教育、青春期、犯罪、工作、社會、婚姻等各種問題，提出疑惑與解答。阿德勒認為每一個人都是不完美的，而正是因為這樣的遺憾和殘缺，才成就了人類不斷進化變遷的可能性。

編譯小組　謹識

目錄

I

II

Contents

目錄

I 第一章

家庭的影響

Family Influences

如果我們觀察周圍環境，
思考為什麼常看到敵對情緒和競爭現象，
我們就會明白，
那是因為人們都想成為征服者，
試圖超越他人。
這種目標的造就與家庭中的排行
和童年時期的經歷密不可分。

母親的角色

在母親心中，她認爲自己就像造物主一樣，看著一個嶄新的生命在自己手中誕生。

自從嬰兒來到世界的那一刻，他就開始尋求與母親建立連結。在出生的最初數個月，母親在嬰兒心中的地位是任何人都無法替代的。嬰兒在此時期完全依賴著母親，亦是他發展合作能力的最初環境。孩子最先接觸的人就是母親，母親也是他除了自身最感興趣的人。母親是孩子與社會連接的第一條紐帶，孩子如果無法和母親（或其他可代替母親角色的人）建立關係，必定走向滅亡之途。

孩子與母親之間的連繫不僅緊密且影響深遠，以至於在孩子長大成人後，我們很難區分哪些性格是單純的遺傳因素，哪些是因為母親的影響。每一種本來只是遺傳的性格，都有可能在母親的影響下改變，孩子的所有潛能都深深受到母親的影響。一般來說，母親的技能就是她與孩子的合作能力，以及她讓孩子與自己合作的能力。這種能力沒有固定的模式，每天的情況都不盡相同，母親必須將自己的觀察力和理解力教授給孩子，以滿足他們的需要。唯有母親真正關愛自己的孩子並希望得到孩子的愛，且想保障孩子的利益時，才能充分發揮這一技巧。

我們可以從一位母親的行為中觀察她的態度。母親有各式各樣和孩子親密接觸的機會，例如擁抱孩子、與他說話、為他洗澡、喂他吃飯。如果她對這些事情不熟悉或沒有興趣，就會顯得笨拙，孩子也就不會對她產生興趣。如果母親從不為孩子洗澡，孩子就會自然而然地覺得洗澡是一件令人厭煩的事。之後，孩子不但不會和母親產生親密連繫，反而還會設法逃避。所以，母親把孩子放在床上的方式、製造出的聲音，以及她所有的行為動作都應該具有技巧。母親應懂得照顧孩子，並讓他學習獨立，還要為他考慮空氣、室溫、營養、睡眠、生理健康和衛生清潔等各個方面。在生活中的每一個小細節，她都在創造孩子喜歡、厭惡、親近、排斥她的機會和可能。

其實，成為好母親沒有什麼祕密可言，所有技巧都是訓練和興趣的結果。人類從很小的時候就開始準備成為母親，例如，若觀察一個女孩對待弟弟妹妹的態度，或是觀察其對母親所做之事的關注程度，就可以看出她們對嬰兒的興趣。對待女孩和男孩的教育態度應有所不同，因為他們未來要做的事情是不一樣的。如果想讓一個女孩成為一位合格的母親，那就應從小培養她的為母之道。讓她主動接受母親這一角色，並讓她感受身為母親的樂趣和意義，讓她在真正成為母親之時，不會因為無法承擔母親的責任而失落。

可惜的是，在西方國家，培養這種為母之道並未獲得重視。因為有重男輕女的思想，男孩自然比女孩受寵，所以女孩自然不會喜歡「母親」這個角色，因為誰都不想屈居於人下。當她們結婚後，同樣會對生子感到厭惡。她們並不想要孩子，對孩子也沒有特別的期待，因為她們並不覺得做母親是一件偉大且具有創造性的事。

這是現代社會中的一大問題，但很少人思考解決這一問題的辦法。人類社會與為母之道是密不可分的，無論何時，女性都不能被視為低人一等。我們常常發現，有許多男孩在很小的時候就認為，家務是僕人應該做的事情，他們認為做家務是很丟人的。其實，家務應視為女性的一大貢獻，而不是身分卑微的表現。

如果一個女人對家務興趣濃厚，並且認為自己的作為可以為家人帶來輕鬆和愉快的生活，那她就會認為家務和世界上其他工作一樣重要。反之，如果女性認為家務是僕人該做的事、是身分低賤的表現，那女性必定會抗拒她們的工作，並設法證明男女是平等的（其實這是很明顯的事實，根本無需證明），她們應該被賦予發展潛能的機會。潛能必須經由社會情感才得以發展，社會情感會將它們導向正途，使它們在發展的同時不受外在限制。

如果社會貶低女性的價值，那婚姻的幸福也就無從談起了。如果女性認為養育孩子是低賤的事情，那她絕不會全身心地投入在關心、照顧孩子上，更不懂得與孩子溝通交流的技巧。當然，其他那些對自身女性角色不滿意的女性也有自己的目標，她們的目標與一般女性不同。她們將孩子和家庭視為束縛和累贅，念念不忘地想要證明自己的優越感。在許多個案中，我們都可以看到當事人的母親沒有盡到自己的義務，沒有為孩子的人生展開一個良好的開端。如果所有的母親都對自己的工作不滿意，對自己的孩子沒有興趣，那她們就不是一個合格的母親，全人類都將陷於危險之境。

然而，如果某位母親在養育孩子上出現了失誤，那她也不一定是罪魁禍首，因為她有可能受到許多事情束縛，我們並不能將錯誤歸於單一的某個人。例如，她沒有受過正規訓練，不知道該如何養育孩子；她的婚姻生活並不幸福，心情壓抑；她對周圍環境感到焦慮，甚至對生活絕望；她的身體狀況不佳，其實渴望和孩子溝通合作，但心有餘而力不足；她的生活條件不好，根本無法為孩子提供營養的食物、保暖的衣物、遮風避雨的房屋。

其實，決定孩子行為的並不是他的經歷，而是他從經驗中所獲致的結論。當研究那些問題兒童時，我們常常發現他們與母親之間有許多矛盾，但那些矛盾也會出現在正常孩子的身上。現在，我們再次回顧個體心理學的基本觀點——性格並不是經由固定原因造成的。孩子可以透過自己的經歷實現某一目標，而正是這些經驗讓他們形成了特定的人生觀。我們不能斷言那些營養不良的孩子一定會成為罪犯，我們應該重視的是他從經驗中獲得了什麼人生觀。

但是，有一點可以確定的是，如果一位女性對於做好一個母親的角色並不感興趣，那她和孩子都將面臨許多壓力和困難。一位母親的本能是無法估量的，在許多研究中都表明，母親對孩子保護的本能勝過任何動力，即使是老鼠和猴子也是如此。如果將性或饑餓的驅動力與母性本能相比，那母性將勝過一切力量。

這種動力與性或饑餓無關，而是一種合作的精神。母親常常將孩子視為自己的一部分，在有了孩子之後，她才會覺得自己是一個整體，才會感受到主宰自己生命的力量。我們幾乎可以在所有母親身上發現這種情感，經由她的孩子，她仿佛完成了一件偉大的作品。在母親心中，她認為自己就像造物主一樣，看著一個嶄新的生命在自己手中誕生。事實上，擁有成為母親的欲望，就是人類追求優越感的一種表現。這是一個最簡單明瞭的例子，它告訴我們，人類是如何以最深刻的情感，將優越感目標應用於服務社會和人群。

但是，也有母親過度在意孩子是她自身一部分的感覺，並強迫且利用孩子達成自己的優越感目標。她會想方設法地讓孩子依賴著她、受制於她，最後真正成為她的一部分，永遠無法分開。讓我舉一個七十五歲農村婦女的例子，她和五十五歲的兒子生活在一起。後來，兩人同時罹患肺炎，母親康復了但兒子卻不幸死在醫院。當母親得知兒子死去的噩耗後，說：「我知道自己很難將這個孩子養大。」在這位母親的心中，自己應該為孩子的一生負責，她從未想過讓他獨立生活。我們可以想像，如果一個母親無法將母子之間的關係延伸至社會，不讓自己的孩子與他人合作共處，那是一件多麼可怕的事。

母親和周遭其他人的關係亦很重要，所以她不應只注重和孩子之間的連繫。不論從孩子或母親的角度來說，都是如此。如果我們過於強調某一個問題，那另一個問題就很容易被忽視。母親和丈夫、孩子、社會之間都有著連繫，這三種連繫缺一不可、同等重要，都需要冷靜面對。

如果母親只關注和孩子之間的關係，就會對孩子過度寵愛以至於寵壞孩子，也會讓孩子失去與他人合作的能力。當母親和孩子之間的關係良好穩定時，就應該讓孩子將這種關係延伸至父親身上。但是，如果連這位母親也對孩子的父親沒有興趣，那孩子與父親就很難建立關係。之後，母親也必須將這種關係擴大至周圍的環境中，例如家中的其他孩子、親戚和朋友。所以，母親的責任是雙重的。首先，她要讓孩子擁有一個信賴他人的初次經驗。其次，再將這種信任延伸至整個社會。如果母親只讓孩子關注自己，那孩子將很難接受與他人的接觸，甚至反感與社會建立關係。他會一直依賴著母親，若有其他人想從母親那裡獲得關愛，那他必將與那個人為敵，不管他是自己的兄弟姐妹或自己的父親。久而久之，這個孩子就會認為：「媽媽是屬於我的，你們都無權與我分享她的愛。」

現代的心理學家大多對此事有所誤解。例如，佛洛伊德認為男孩與生俱來就有戀母情結。因為他們渴望與自己的母親結婚，所以痛恨自己的父親，甚至想殺死他。如果我們對孩子的成長過程有所了解，就不會有這種想法了。那些想尋求母親關注而排斥他人的孩子，雖然確實有戀母情結的傾向，但與性毫不相關。這種現象只出現在那些被母親過度寵愛的孩子身上，他們認為除了母親，自己不可能和任何人建立良好的關係。他們只是想讓母親關注自己，想讓母親成為自己的，不想和任何人分享。當然，也有一些男孩因為只和母親保持著良好關係，所以他們也會將母親視為自己的戀愛和婚姻對象。但這只能說明在他們心中，除了母親之外，沒有任何人會對他們言聽計從，沒有任何人可以與他恰當地相處。所以，戀母情結是因為錯誤養育方式所造成的，不能歸結於與遺傳有關的亂倫，更沒有任何性欲的成分。

一個只和母親保有連繫的孩子，只要脫離了母親就會出現問題。例如，他去上學或去公園玩耍時，會一直緊緊跟著母親。一旦母親不在他的身邊，他就會感到非常難過。他會利用各種手段，讓母親時時跟隨著他，讓母親全身心地關注著他。例如，他會渴望成為母親的心肝寶貝，裝出一副柔弱無助的樣子，藉此博取母親的同情；當母親無法滿足自己的心願時，他就會大哭或裝病，意在告訴母親他仍然是一個需要照顧的孩子；他還有可能大發脾氣，與母親爭吵，目的仍是博得母親的關注。這些孩子幾乎都是被母親過度寵愛的人，他們拼命想贏得母親的關愛，又拼命拒絕與外界的任何連繫。

這些被過度寵愛的孩子可以熟練地找出數種有效吸引母親注意力的方法，他們通常害怕被單獨留下，尤其是在黑暗中獨處。他們在黑暗中總是哭鬧不休，他們害怕的並不是黑暗本身，而是利用恐懼使母親與他們更為接近。例如，某一天晚上，當母親循著他的哭聲而來時，她問孩子：「你為什麼害怕呢？」孩子回答：「因為這裡很暗。」但他的母親已經可以看破他的行為目的了，於是說：「難道我來了之後就不暗了嗎？」黑暗本身並不重要，他對黑暗的害怕其實代表他不喜歡和母親分開。如果這樣的孩子與母親分開了，那他就會運用所有情緒、力量、心智能力，造成一種母親必須和他接近且和他連繫在一起的情境。他可能用尖叫、呼喊、無法入眠，或故意傷害自己的任何方法，以吸引母親的注意力。教育家和心理學家最常注意到的一種方法就是「害怕」，所以在個體心理學中，我們不再專注找出害怕的原因，而是要分辨害怕的目的。所有被過度寵愛的孩子都會害怕某樣東西，他們利用自己的恐懼吸引旁人注意，結果這種情緒最終構成了他們生活態度的一部分。他們不斷利用害怕獲得和母親重新緊密連繫的目標，膽小的孩子一定都是被寵慣的孩子，而且他還想繼續受寵。

有時，這些受寵的孩子會夢魘，並在睡眠中放聲大哭，這是一種眾所皆知的病症。但是，一旦睡眠被認為是和清醒互相對立的狀態，這種情況就無法被我們了解。然而這是錯誤的，睡眠和清醒並不互相對立，他們是同一種情緒的變異。在孩子的夢境中，行為模式和清醒時大致相同。他的目標是試圖改變情境，使之符合自己的利益，這一想法影響了他的身體和心靈。在經過訓練和經驗之後，他便可以找出達到其目的最有效的方法。即使是在睡眠之中，和他目標一致的影像和記憶也會進入他的內心。在經過幾次經驗之後，被過度寵愛的孩子會發現，如果他想繼續和母親在一起，運用那些驚嚇自己的東西是非常有用的。所以，即使他們長大了，那些被過度寵愛的孩子仍然會保存他們充滿焦慮的夢。原本，「被驚嚇」是獲取母親注意力百發百中的工具，但長大後已成為機械式的習慣。

利用這種焦慮是非常普遍的，如果發現那些被寵壞的孩子在睡覺時從不惹麻煩，那才是最奇怪的事。吸引旁人注意力的方法種類繁多，有些孩子認為自己的睡衣很不舒服；有些孩子吵著要喝水；有些孩子害怕強盜或怪獸；有些孩子除非他們的父母坐在床邊，否則就無法入眠；有些會做惡夢；有些會跌下床；有些會尿床。我治療過一個在夜間從不惹麻煩的受寵孩子，她的母親說她睡得很好，從不做惡夢、從不在半夜醒來、從沒有發生任何狀況，只有在白天才會惹出種種問題，這令我感到非常驚訝。我提出了許多吸引母親注意的病症，但是卻一項也沒有發生在這個女孩身上。最後，我終於恍然大悟，我問她的母親：「她睡在哪裡呢？」她回答：「在我的床上。」

對於被過度寵愛的孩子而言，疾病是求之不得的事。因為當他們患病時，他們會比往常更受關注。這樣的孩子常常在罹患一場疾病後不久，才漸漸顯現其問題兒童的行徑，乍看之下彷彿是這場病讓他成為問題兒童。其實，這是因為在他痊癒之後，依然記得自己患病時受到的優渥待遇。而他的母親在他痊癒後，便不再像當時那麼疼愛他了。所以，他便以製造問題作為報復。有的孩子甚至會觀察到另一個孩子是如何藉由患病而成為眾人關注的焦點，他也希望自己患病，所以親吻病童希望受到感染。

有一個女孩曾經住院四年之久，並且非常受醫生和護士們的呵護。當她回家後，她的雙親也很寵愛她，但經過數個禮拜後，他們的關懷逐漸下降。一旦她要求的某件事情無法如願時，她便會把指頭放進嘴裡，說：「我還住在醫院裡呢！」她正在提醒別人自己曾罹患疾病，心中渴望回到能讓自己隨心所欲的情境中。在成年人中，我們也可以看到相似的行為，他們常常喜歡談論自己的疾病或經歷的手術。另一方面，那些曾經讓父母感到困擾的孩子，有時候在一場疾病之後，也會突然恢復正常，不再干擾父母。我曾經提到：「身體的缺陷是孩子的一種額外負擔。」但我也曾說過：「身體的缺陷並不足以解釋性格上的不良特徵。」因此，我們不免懷疑，當身體障礙消失後，是否真的就會改變不良的性格呢？有一個在家中排行第二的男孩，他說謊、偷竊、逃學、殘忍、不服從，惹出許多麻煩。他的老師們都對他束手無策，因此主張應該將他送往矯正學校。正在此時，這個孩子病倒了。他罹患臀部的結核症❶

（Tuberculosis），最後打著石膏躺了半年。當他痊癒後，突然成為家中最乖的孩子。我們無法相信這場疾病會對他產生這樣的效果，這種改變很明顯地是因為他認清了以往的錯誤。從前，他一直認為父母偏愛哥哥，並覺得自己受到忽視。但在患病期間，他發現自己成為眾人關注的焦點，每一個人都照顧他、幫助他。從此之後，他便放棄了旁人總是忽視他的想法。

有人提出，如果要補救母親們經常造成的錯誤，最好的方法就是不要讓她們照顧孩子，讓護理師或其他機構（例如育幼院）照顧孩子，這種建議非常荒謬。如果要尋找可以替代母親角色的第二人選，首先，他應該像母親一樣對孩子充滿興趣。但是，這個條件非常困難，還不如直接訓練孩子自己的母親來得容易。而那些在其他機構長大的孩子通常對他人沒有任何興趣，因為沒有人為他們搭建人與人溝通的橋樑。

曾有人研究那些發展情況並不樂觀的育幼院孩子，如果讓褓姆或修女單獨負責照顧這一個孩子，或將他們放在某個家庭裡寄養，讓他和照顧者的孩子們一起成長，那會如何呢？結果發現，只要照顧者傾注感情，那他們的成長情況便大有改善。如果讓孩子離開自己的父母，那就應該為他們找一個可以代替其親生父母的人。由此可見，與母親的關係和受到的愛護，對孩子來說是何等重要。

另外，一個家庭中的繼母處境通常十分艱難，因為丈夫前妻的孩子往往會與之為敵。但是這並不是無法解決的問題，就有許多繼母將這個角色扮演得當。在孩子失去母親之後，自然而然會將自己的期望轉向父親，渴望從父親那裡得到像母親一樣的愛。但當繼母進入這個家庭時，孩子便會覺得繼母搶走了父親的愛，因此痛恨繼母並與她為敵。但許多繼母並不了解這一狀況，所以會予以反擊，如此一來，孩子們不但不會屈服，反而更加囂張。在與孩子的交戰中，繼母永遠不會勝利，因為孩子們即使失敗了，也仍然會拒絕與對方合作。在這種爭鬥中，勝利者往往是弱小的一方。如果強硬地向孩子索取，他必定會拒絕。如果每一個人都了解合作和愛情是無法以武力獲得的，那這個世界必定可以減少很多無謂的緊張和努力。

註❶結核症 Tuberculosis

結核症（Tuberculosis，又稱ＴＢ），為結核桿菌感染引起的疾病。結核通常造成肺部感染，也會感染身體其他部分。大多數感染者沒有症狀，此型態感染稱為潛伏結核感染。如果此時沒有適當治療，10%的潛伏感染患者會惡化為開放性結核病，致死率為50%。結核病的典型症狀包含慢性咳嗽、咳血、發燒、夜間盜汗，以及體重減輕。在15%至20%的開放性結核病案例中，結核桿菌感染可傳播至肺外，引起其他種類的結核病，這些病症被歸類為「肺外結核病」。

父親的角色

父親會給予孩子深刻的影響，在很多孩子的一生中，父親不是被視爲楷模，就是被視爲死敵。

在家庭中，父親和母親有著同等重要的地位。最初，孩子與父親的關係總是比不上與母親親密，但在日後的生活中會漸漸產生變化。我們已經知道，如果母親不把與孩子的關係延伸至父親，這樣的孩子在日後的生活中常常會出現許多問題。而那些婚姻不幸福的家庭也會成為成長中非常危險的環境，母親只想讓孩子屬於她自己，根本不想讓父親融入到她與孩子之間。最後，孩子便成為父母戰爭中的一顆棋子，雙方都想讓孩子依附自己，希望得到孩子更多關注。

關係總是矛盾的夫妻會形成對峙，比較誰

更疼愛孩子、比較誰能更有效地控制孩子。如果父母之間的分歧被孩子知曉，那他們便會巧妙運用這種矛盾為自己得利。在這種環境中成長的孩子，是不可能具備合作精神的。因為孩子首次體驗的合作精神就是源自於父母，如果父母之間無法合作，那孩子的合作精神也就無從談起了。而且，孩子也會從父母的關係獲得對婚姻的初次印象。在婚姻不幸福的家庭中長大的孩子，如果日後不特地改正自己的想法，那他們便無法對婚姻產生信任，以至於自己的婚姻也總是失敗。他們將不斷逃避與異性的相處，甚至認為自己的婚姻註定無法幸福。所以，不和諧的婚姻生活會對孩子造成很大的影響。婚姻的目的應是謀取兩人共同的幸福、為孩子提供良好的家庭氛圍，不管其中哪一方面出現差錯，都不會有一個美滿幸福的家庭。

在這裡必須特別強調，婚姻是一種合作關係，沒有地位之分。家庭生活中不需要有地位高低之分，如果某個成員的地位遠遠高於他人，那將是一件不幸的事。如果家中的父親是一位脾氣火爆之人，並且企圖成為家庭的主宰者，那他就會將這種錯誤觀念傳遞給自己的孩子。這種家庭氛圍將對女性造成傷害，她們會以為男性都是家中的暴君，以為婚姻就是受人主宰、受人控制的家庭生活，以至於有的女孩長大後為了不受異性傷害，變成同性戀者。

如果母親是家中的主宰者，整天嘮叨不停，那就會出現相反的影響。家中的女兒會像媽媽一樣尖酸刻薄；男孩則時時處於防禦狀態，警惕母親對他的控制，並害怕責罵。有時候，家庭中不僅母親嚴厲，若連姐姐、姑姑也一起管教這個男孩，那他就會變得性格內向、畏縮不前、不願意接觸社會，並且開始逃避與異性相處，因為他害怕所有的女人都是嘮叨的人。其實，誰都不想被指責，但如果一個人將逃避指責視為人生中的重要事項，那麼一定會對他的生活產生負面影響。在遇到任何事情的時候，他都會這樣問自己：「我是征服者，還是被征服者呢？」這樣的人認為人與人之間沒有平等可言，只能是你勝我敗，或我勝你敗的關係。

關於父親的責任，我們可以概括為妻子的好丈夫、孩子的好父親、社會的好公民。他必須將人生的三大問題——事業、友情、愛情處理得當，還要在家庭問題上與妻子合作。他應該要了解妻子在家庭中占有很重要的地位，不應該輕視妻子的地位，而應與她合作。這裡必須強調一點，雖然家庭中的主要收入大多來自於父親，但是管理家庭的責任仍需要兩個人共同承擔。男性萬萬不能將自己視為施與者，又將其他成員視為接受者。在和諧美滿的家庭中，父親工作賺錢只是其在家庭中的一項分工而已。很多父親認為自己工作賺錢，就理所當然是家庭中的主宰者，這是極其錯誤的想法，我們應該避免任何不平等的思想。

所有父親都應該明白，男性的強勢地位是當今文化過度強調的結果。男性不能只因妻子是女性、不能像男性一樣賺錢，便歧視妻子。不論妻子是否有經濟能力，平等的合作關係依然是家庭生活的基礎，有關賺錢或花錢的問題就無須再追究。

父親會給予孩子深刻的影響，在很多孩子的一生中，父親不是被視為楷模，就是被視為死敵。所有凶暴的教育方式都是錯誤的，特別是體罰孩子，這種方式往往會對他們造成極大的傷害。不幸的是，父親常常在家庭中擔任懲罰孩子的角色，這便傳達給孩子一種思想——柔弱的母親根本無法教育孩子，必須靠著父親的力量才能讓孩子「改邪歸正」。

如果母親常常對孩子說：「你等著吧！看你父親回來之後怎麼修理你。」這就是在無意中告訴孩子，男人才是家中的統治者、才是生命中的主宰者。同時也會使得孩子和父親的關係惡化，孩子會因為害怕父親而不願意與他溝通合作。母親或許是害怕孩子因為自己的懲罰和自身關係疏遠，但將這種事交給父親同樣是錯誤的。孩子們並不會因為母親「召集救兵」的行為，而對她比較沒有怨言。如果母親不斷利用「告訴爸爸」作為強迫孩子服從的手段，那這些孩子在日後對男性於生活中的地位又將作何感想呢？

如果父親可以適當地處理人生的三大問題，他將成為家中的脊梁，將是一個好丈夫和好父親。這樣的父親能夠與他人良好相處且朋友眾多，而因為交往範圍廣闊，也就自然將家庭融入至更大的生活圈中。他不會封閉自己，也不會將自己局限在傳統觀念中。如此一來，家庭之外的事情就可以透過他帶給家人，他也會告訴孩子該如何與他人合作、如何關注他人。

丈夫和妻子應該生活在同一個社交圈中，雙方不應只注重自己的交友範圍，否則就會慢慢形成代溝。當然，我這裡所說的並不是讓夫妻如影隨形地不分開，而是應和諧相處。如果丈夫不願意讓妻子認識自己的朋友，那一定會產生很多問題。在這種情況下，丈夫的社交中心便不再是自己的家庭，而是在家庭之外的世界。在孩子發展的過程中，父親必須做一件非常重要的事，那就是讓他們學會「家庭是社會的一個單位」，在家庭之外還有許多值得信賴的人類和朋友。

如果父親與其父母、兄弟姐妹關係融洽，就說明他具備良好的合作能力。當然，走出家庭擁有自己的生活是每個人一生必須要做的事，但並不表示他不愛家人或是和他們斷絕關係。如果兩個人婚後仍以父母為中心，並依賴父母生活，仍將與父母的關係放在首位，那麼他們的家就只能是父母的家，而不是夫妻雙方屬於自己的家，他們便無法發揮彼此的合作關係。

有時候，丈夫的父母會因為各種原因，企圖了解自己兒子生活中的家庭瑣事，常常為兒子的家庭帶來許多麻煩。妻子會覺得公公婆婆對自己存有敵意，也會因為他們干涉自己的生活而感到氣憤不已。這種情況尤其容易發生在男方不顧雙親反對而結婚的時候。我們很難判斷父母的反對究竟是錯是對，但如果父母並不贊成這一段婚姻，就應在兒子結婚之前提出自己的意見。既然兒子已經結婚了，那他們只有一條路可選，那就是使兒子的婚姻幸福美滿。人與人的矛盾總是時時存在的，丈夫應該理解，所以無須為此煩惱。他應該用事實證明父母反對他的婚姻是錯誤的，自己的選擇才是最正確的。夫妻二人不必一味順從父母的意見，但若大家能彼此合作，而妻子也覺得公公婆婆確實能為他們的幸福和利益著想，那就不會有太多麻煩了。

每個人都希望自己的父親可以擔負起工作賺錢的責任，成為家中的支柱。雖然在某些方面，妻子和孩子可以提供其幫助，但在現在的文化中，男性仍然承擔著主要的經濟重任。所以他必須積極工作，勇敢面對一切困難，並且了解自己工作中的利弊所在。此外，在工作中與他人合作、博得他人的尊敬也是必不可少的。

事實上，工作的意義並不止於此，父親還應為孩子樹立榜樣，讓他們在未來面對工作上的困難時，也像父親一樣勇敢。這也就要求父親必須具備處理問題的能力，和一份對人類有所貢獻的工作。不管他對自己的工作有什麼樣的看法，最重要的是他的工作可以為人類產生貢獻。我們也不必單聽他的一面之詞，如果他認為自己是利己主義者，那固然是可悲之事，但是，如果他的工作對人類共同幸福有所助益，那他是否自私自利，也就無甚大礙了。

接下來，讓我們談談愛情和婚姻的問題，以及如何創造和諧幸福的家庭。首先，丈夫必須要做的就是關心自己的妻子。這一點我們可以很容易察覺，如果他是一個心思細密的男人，那他就會在意妻子所關注的事物，並將妻子的幸福視為自己應該兼顧的目標。將注意力集中在某人身上並不是愛的唯一表現方式，和諧相處也是愛的表達方式之一。丈夫應該懂得如何取悅妻子，並和她保持良好關係。唯有當兩人將對方的幸福看得比自己的幸福還重要時，才有可能產生真正的合作；唯有當給予對方的愛大於對自己的愛時，才是真正的愛情。

另外，在孩子們面前，丈夫不應將對妻子的情感表現得太過露骨。儘管夫妻之間的愛和他們對孩子的愛是完全不同的，兩者之間沒有任何衝突，但孩子心中往往會產生「如果父母之間的愛太多，對自己的關愛就會減少」的想法。這樣一來，孩子就會心生嫉妒，並希望和父親或母親一爭長短。

我們也應該重視關於性伴侶的問題。一般來說，當孩子遇到性問題時，由父親向男孩解釋，母親向女孩解釋。但父母一定要記住，我們只解答孩子提出的問題或他們所處年齡應該知道的問題，不能主動講述那些他們沒有提問的問題。因為如果向孩子解釋過多這方面的知識，反而會加深他們的好奇心。如果隨便將性知識告訴孩子，與不向孩子解釋任何性知識而含糊了事一樣沒有益處。最好的方法就是告訴孩子他們想了解且能夠接受的知識，不要隨便講出我們認為他們應該明白的事情。我們應該讓孩子認為我們是真誠的，讓他們認為我們在與他們合作，並協助他們尋找解決問題的辦法。還有，有些父母深怕他們的孩子會從同伴處聽來有害的性知識，這也是杞人之憂。在合作和獨立方面訓練良好的孩子，是絕不會受到朋友談論之害的，而且孩子們在這些事情上往往比他們的長輩還要更加細心。一個不接受錯誤觀點的孩子，自然不會受到「道聽塗說」之害。

現代社會中，男性有較多機會經歷社會生活、有較多機會知道社會制度利弊，以及自己的國家甚至全世界的關係，他們活動的範圍仍然比女性的活動範圍大。因此，在這類問題方面，父親應該作為妻子和孩子的顧問。但他不能因為有較多的社會經驗，而過分誇大其詞。他不應該是家庭教師，而是應該像朋友一樣勸導家人，避免引起反感。如果妻子和孩子同意了父親的看法，他也不該得意忘形。如果他的妻子因為未曾有過良好的合作經驗而反對他的主張，丈夫也不必堅持自己的觀點或運用權威壓制對方，而是應該找出消除此種抗拒的方法，因為爭執是無法使人心悅誠服的。

夫妻之間不應經常圍繞著錢的問題。事實上，沒有經濟來源的女性對錢的敏感度甚於男性，如果有人說她不懂得節約，那一定會對她的內心造成很大的傷害。金錢問題也應是家庭問題中的一部分，同樣需要以合作的方式解決，妻子沒有理由強迫丈夫承擔家庭中的全部開支。如果在金錢問題上，夫妻意見一致，那就不會有人覺得自己是被施捨或被剝奪的一方。

父親應該明白，孩子的未來並非只靠金錢。我曾看過一位美國人寫的一本書，書中敘述了一個由貧民變為富豪的人，他想讓自己的後代子孫永遠享受榮華富貴，因此諮詢一位律師。律師問：「你想要讓幾代後輩子孫享受富裕呢？」他回答：「十代。」律師說：「可以啊！但你要清楚，任何一個十代子孫都有五百個以上的祖輩和你存在血緣關係，這些人都會自認是你的後代。如此一來，你還認這些子孫嗎？」

我以這個極端的例子說明一個道理──人們無法與社會脫離連繫，無論為後代留下金錢或是其他東西，其實都是在為整個社會服務。

在一個家庭中，可以沒有領導者存在，但是卻不可以沒有合作精神。在子女教育的問題上，父親和母親一定要團結一致、共同努力。但是，父母應該謹記一點，不論父親或母親都不要過分寵愛任何一個孩子。過度寵愛的危險往往是我們無法預料的，童年時期孩子的心裡壓抑，大多是因為父母過度關心某一個兄弟姐妹而忽視了他的結果。也許有人會認為這樣的結論沒有根據，但在各方面皆受到平等對待的孩子就不會產生這樣的現象。例如，如果父母重男輕女，女孩就會產生自卑情結。孩子的心靈往往比大人們更加敏感，他們常常因為感覺父母對自己的寵愛不如其他孩子，而走上錯誤的道路。

不過，父母總是會有意無意地更加偏愛家中較為優秀的孩子。因此，父母應該具備足夠的經驗或技巧，以避免表示這一類偏好。否則天資較為優越的孩子會使其他孩子蒙受陰影並感到沮喪，他們會開始嫉妒懷疑自己的各種才能，且合作能力也會受到影響。光說也是不夠的，父母應該觀察在孩子的心中，是否存有認為父母偏心的疑慮。

平等地對待孩子

有的小樹因爲汲取了較多陽光和土壤養分，而生長速度較快，那它必然侵占了其他樹木的生長資源。

現在，我們再來探討一下孩子之間的合作關係，因為這同樣是家庭合作中極為重要的問題。唯有讓孩子意識到他們之間是平等的，他們才會積極地參與至社會當中。同時，當男孩和女孩意識到性別的平等，也就不會出現重大的性別問題了。

有人問：「在同一個家庭中成長的孩子，怎麼會形成如此巨大的差別呢？」這個問題曾被一些生理學家解釋為基因構成的差異，我認為這實在是極為荒唐可笑。我們不妨用小樹的成長解釋孩子的成長：一片樹木生長在同一個地方，但每棵樹木的小環境又各有差異。有的小樹因為汲取了較多陽光和土壤養分，而生長速度較快，那它必然侵占了其他樹木的生長資源。例如遮擋陽光照射、根系四處蔓延、搶奪土壤養分等等。如此一來，其他樹木就無法正常生長，顯得較為矮小和萎靡。一個家庭亦與此相似，若其中一人鶴立雞群，那旁人則必定相形見絀。

在前述章節我曾提到，父母中的任何一方都不應成為家中的統治者。但我們卻經常發現，如果父親天資聰穎、成功優秀，反而會讓孩子認為自己永遠無法趕上父親的成就，由此心生失望、喪失人生的興趣。名門子弟的表現往往讓父母和社會大失所望，那就是父母成就斐然、孩子自暴自棄的結果。所以，如果父母事業有成，不妨在孩子面前降低姿態，與家人低調相處，以免對孩子造成負面影響。

在孩子之間也同樣會發生這種情況。如果一個孩子特別優秀，那他就得以贏得大部分人的目光。對這個優秀的孩子而言自然很好，但是其他孩子卻會因此產生嫉妒或不平的心理。任何人都不可能甘居人下且毫無怨言地默默忍受，當優秀的孩子傷害了其他孩子，其他孩子的成長過程就有可能失去內在的精神動力，這絕非危言聳聽。當然，其他孩子仍有能力追求優越地位，並且會永無止境地追求下去，但他們的目標卻有可能偏離主流、脫離現實，甚至傷及社會。

家庭中的排行

生活在同一個家庭中的兩個孩子，各自的生長環境也是不一樣的。所以，爲了適應自己的成長環境，孩子對待人生的態度也會各有差異。

個體心理學在研究孩子的出生順序上有了很大的進展。為了讓大家容易理解這一問題，我們不妨以父母關係和諧，並盡心盡力撫養子女為前提。

但是，即使在這樣的前提之下，每個孩子在家庭中的地位仍然有很大的差別，而且他們的成長環境也會大不相同。在這裡我要再次強調一下，生活在同一個家庭中的兩個孩子，各自的生長環境也是不一樣的。所以，為了適應自己的成長環境，孩子對待人生的態度也會各有差異。

Adler

長子女

家庭中的老大都經歷過一段「獨生子」的時期，但是隨著其他兄弟姐妹的出生，他們必須強迫自己改變，讓自己適應新的環境。家庭中的成員常常會將目光聚焦在第一個出生的孩子身上，在成長過程中，他也會逐漸習慣這種被寵愛的角色。但是當第二個孩子出生後，他就會在沒有任何準備的情況下被別人奪走自己的地位。隨後，他便不再是家中的獨子，且必須和旁人一同分享父母的愛。這樣的改變會對他們產生很大的影響，許多問題兒童、精神病患者、罪犯、自殺者、酗酒者或性行為異常的人，都有一部分是因為家庭排行的緣故。他們是家中最年長的孩子，對其他孩子的到來印象深刻，而這種地位被他人搶占的經歷對他的人生態度造成劇烈影響。

當然，家中的其他孩子也會隨著之後孩子的出生而失去曾經的地位，但是他們的情緒並不會像老大這麼強烈。因為其他孩子從一出生就已經有人與他共同分享親情，他從未獨享過任何關愛。然而對於家中的第一個孩子而言，這卻是巨大的變化。如果父母親確實因為其他孩子的出生而忽略了他，長子定然不會接受這樣的現實，所以，即使他因此心生怨恨，我們也不能將責任全部推給他。當然，如果父母有足夠的信心讓孩子感受到他們的愛，讓孩子知道他的地位無人可以代替，尤其是讓他和父母一起迎接即將到來的新生兒、一起照顧自己的弟弟妹妹，那他們的心裡就不會產生如此強烈的怨恨。但事實往往是長子尚未準備好迎接弟弟妹妹的到來，而父母也的確因為其他孩子的降臨忽視了他。所以，老大就開始千方百計地尋求母親的關注，試圖讓自己回到之前的地位。有時後，我們會看到兩個孩子同時向母親索求關愛，誰都想得到更多關注。

老大因為體力上的優勢，所以他們總會想出更多方法尋求關注。我們可以想像他在這樣的情況下會做出什麼事情，如果我們和他身處同樣的位置，我們可能也會採取一樣的做法。我們會為母親找各種麻煩，甚至與她爭吵。漸漸的，他的母親再也無法忍受他的行為。而當他無計可施的時候，母親早已對他反感至極，這時他才真正了解沒有人關注的滋味。但是，他所做出的種種行為都只是為了贏得母親的關切、為了贏得母親的愛。他極力抗爭，最後卻徹底失去了母愛。他感覺被人冷落，他覺得自己並沒有做錯什麼，他還會說：「我沒有錯，錯的都是別人，只有我是正確的。」他就像掉進陷阱的一隻小動物，掙扎得越厲害反而陷得越深。他仍然不停地為自己的觀點尋找各種理由，既然他認為自己是正確的，又怎麼會放棄抗爭呢？

針對此類案例，我們必須進行詳細研究。如果母親與他針鋒相對，孩子就有可能變得暴躁易怒、喪失理智、刁鑽古怪、桀驁不馴。在母子衝突時，父親可能會給他重新受寵的機會，孩子因此親近父親，以期贏得他的關注和寵愛，所以家中的老大通常更加偏愛和依賴父親。一旦當孩子開始偏愛父親時，即進入人生中的第二個階段。孩子在早期會依戀母親，當母愛漸漸遠離的時候，他才會將依戀轉向父親，並藉此報復母親。所以，如果一個孩子偏愛父親，那我們就可以判斷他曾經遭遇挫折，或有被人忽略或忽視他人的經驗。這些事讓他記憶猶新，而且對他的人生態度產生巨大影響。

這種爭戰相當持久，有時可能會持續一生。這種經驗使得孩子學會爭戰和堅持，並且在任何環境中都傾向選擇爭鬥。他將沒有任何志同道合的朋友，於是喪失信心，認為自己無法與他人交往；他會變得易暴易怒、沉默寡言、特立獨行，甚至徹底自我孤立。這些行為皆顯示，這種孩子的所作所為和現實表現仍然以過去為重心，他們只想沉浸在過去備受寵愛的美好回憶之中。

所以，我們總能在老大的身上看到對過去的眷戀。他們喜歡回憶，但卻對未來沒有信心。一個曾經有著統治權和掌控權的孩子，總能更深刻地體會到權力的重要性。長大之後，他們同樣喜歡玩弄權術，並過分強調規則和制度的重要性。他們認為任何事情都應該按部就班地執行，且他們心中的這種規則是一成不變的。他們認為，權力應該掌握在權力給予者的手中。這時，我們就可以看出童年經歷對於日後思想所產生的影響。當這種人擁有了地位，一定會時時懷疑旁人有不軌之心，企圖奪取他的職位。

老大的角色雖然會引發很多令人擔憂的問題，但如果處置得當，也可以順利解決。如果長子在弟弟妹妹出生之前，就已經學會與他人合作，傷害就不會發生了。從某些老大身上，我們可以發現他們樂於為他人提供保護和幫助，並且覺得為他人帶來幸福是自己的責任。他們學習父母的經驗，並共同照料弟弟妹妹；他們承擔起父母的角色，成為弟弟妹妹的師長；他們也因此鍛煉出優秀的組織才能。也許他們提供的保護會讓弟弟妹妹產生依賴的心理，或讓他的心中產生統治別人的欲望，但這些無疑都是正面的影響。

以我在歐洲和美國的研究經驗所得，在問題兒童當中，老大的比例最多，其次就是老么，這的確值得我們深入探討。他們是家庭構成的兩個極端，而目前的教育方式還無法真正解決發生在老大身上的問題。

Adler 次子女

老二在家中的位置非比尋常，是其他孩子都無法比擬的。他在一出生的時候，就已經有了一個與他分享父母的孩子，所以與長子相比，他更容易與他人合作。如果家中的長子沒有壓迫他，那他就可以順利地生活。但他的生活中有一個極為重要且永遠無法改變的事實——那就是始終有一個與之競爭的個體。老大的年齡比他大、發育比他早，所以次子必須努力追趕。他的生活就像一場競賽，永遠有一個領先者跑在他的前面，終其一生都必須奮力往前。

他需要不斷地努力，追上甚至超越哥哥姐姐。

從《聖經》的許多精彩篇章中，我們也可以觀察到心理學的問題，其中的雅各[1]（Jacob）就是典型的老二。他始終想超越哥哥以掃[2]（Esau），並取代他的位置。老二總是不甘心居於人後，他一直努力超越老大，所以老二成功的機會更大，而且往往比老大更占有先天優勢。我所說的並不是遺傳的優勢，而是因為孩子自身的不斷努力，促使他快速進步，以至於他長大獨立了之後，仍然會尋找一個優於自己的個體，作為自己企圖成長且超越的目標。

這些特徵不僅存在於日常生活之中，在所有性格行為中都留有痕跡，甚至更容易發生在睡夢中。例如，老大常常會夢到從高處跌落，因為他們雖然處在優於別人的位置上，卻不能保證不會失去這個位置。而老二則經常夢見與他人競賽，例如參加賽跑、追趕火車、比賽騎自行車等等。透過這種匆忙追趕的夢境，我們可以很容易猜到做這種夢的通常是家中的老二。

但是，我必須特別強調，世間萬物並非一成不變，老大和老二的行為舉止未必都如上述一般，環境才是決定性的因素，而不是家庭排行。生活在一個大家庭中的孩子們，較晚出生的孩童也可能有和老大類似的狀況。如果前兩個出生的孩子年齡差距較小，爾後出生的老三和老大、老二年齡差距較大，而在老三之後又有其他孩子出生，那老三就有可能表現出與老大相似的特徵。在老四和老五之後的某個孩子身上，同樣也會出現老二的典型表現。

如果老大在與弟弟妹妹的競爭中失敗了，那他就有可能踏上錯誤的人生道路；但是，如果老大成為了弟弟妹妹的領導者，那老二就有可能成為麻煩製造者。尤其是，當老大是男孩、老二是女孩時，老大的地位就更加危險了。如果他被女孩打敗，那就會認為自己失去尊嚴，男性和女性之間的競爭往往比同性之間的競爭更為激烈。

在這場長子與次子的爭奪之中，女性通常較有優勢。因為在十六歲之前，女性的身心發育快於男性。所以，在一般情況下，都是哥哥主動放棄這場爭鬥，變得懶散萎靡、一蹶不振，或用吹牛撒謊等拙劣手段求勝。我們幾乎可以保證，在這種情況下，獲得勝利的總是女性。我們會發現男孩逐漸走向歧途、越陷越深，而女孩則輕鬆解決各種問題，並且昂首前進。

如果事先知道危機，並且在危機出現之前即時防範，那這種狀況其實是可以避免的。在家庭中，各成員都應平等合作、團結一致，家中沒有敵對的感覺，也不會讓孩子覺得他有敵人並浪費時間與之抗爭，這樣才能避免任何不良的影響。

Adler

老么

家庭中除了最小的孩子，其他孩子都可能有弟弟或妹妹，他們的地位幾乎都會受到威脅，但只有老么的地位永遠是固定的。老么沒有弟弟妹妹，卻有很多競爭者。他永遠是家裡最受寵的孩子，那些因為被寵壞而出現的各種問題都有可能發生在他身上。但是，也因為他的競爭者最多、受到的鼓勵最多，所以老么常常是家中發育最好、進步最快的孩子。從人類的歷史中我們可以看出，老么的地位一直都沒有改變，在眾多古代事例中我們可以發現，許多家庭中的老么都比他的哥哥姐姐們優秀。

根據《聖經》的記載，最小的孩子往往都是征服者。約瑟[3]（Joseph）就被視為家中最小的孩子撫養成人，雖然在約瑟出生的十七年後，便雅憫[4]（Benjamin）降生了，但約瑟的成長卻沒有受到絲毫影響。約瑟的人生態度表現出典型的老么特徵，他對自己的優越地位充滿信心，在他的夢境之中，所有人都向他臣服，並完全被他的光芒所籠罩。約瑟的哥哥們對他的想法心知肚明，他們都很了解約瑟在夢境中的情感表現，所以害怕約瑟並想方設法地除掉他。但是，最終約瑟還是反末為首、後來居上，成為整個家庭的統治者。

家庭中的支柱通常是最小的孩子，這一現象絕非偶然。人們對此十分了解，並且編撰了不少故事盛讚老么的能力強大。老么的地位十分優渥，他能夠獲得全家人的幫助，而且有許多競爭者激發他的雄心壯志，使他更願意奮力拼搏，也沒有人會在背後攻擊或分散他的注意力。但是，也正因為如此，老么排在問題兒童的第二位，主要原因就是家庭的溺愛。一個被寵壞的孩子是無法自立自強的，他們將缺失獨立自主、爭取成功的勇氣。

老么們總是擁有遠大的志向，但志向遠大的人往往性情懶惰。懶惰是壯志沖天與勇氣不足的混合體，志向過於遠大往往不太現實。老么有時會強調自己沒有任何理想，因為他希望自己在任何方面都超越他人，他們不希望自己受到任何約束。同時，我們也能理解，那是因為老么周圍的人都比他年長、比他強大、比他更有閱歷，所以老么總是背負著深深的自卑感。

Adler 獨生子女

獨生子女也存在著他們特有的問題。他的競爭對手不是兄弟姐妹，而是父親。獨生子女往往會獲得母親的特殊寵愛，因為母親害怕失去他，所以想讓他時時刻刻成長在自己的保護之下。獨生子女也會因此產生「戀母情結」，他們就像母親的影子一樣，整日和母親相伴，甚至排斥父親。不過，只要父母同心協力，讓孩子的關注力分散在兩個人身上，就不會發生這種情況。但是，一般而言，父親與孩子的連繫總是少於母親。獨生子女有時會表現出和老大相似的特質，他希望戰勝父親，並且喜歡與年長者共事。

獨生子女往往對於是否有弟弟妹妹而心生憂慮，如果有人說：「你應該有個小弟弟或小妹妹。」他將十分難過。獨生子女希望自己永遠處於眾人的焦點，他認為這是他應得的權利。一旦有人對他的地位產生威脅，他就會感到忍無可忍。若在日後失去了眾人的關注，各種考驗便會隨之而來。另一種可能妨礙他發展的危機就是誕生在一個小心翼翼的環境之中。如果他的父母由於生理因素無法再次生育，那我們唯一該做的就是盡力為他們解決獨生子女可能遭遇的問題。但在可以生育更多孩子的家庭中，我們也經常可以發現獨生子女。這種父母通常膽小悲觀，他們覺得自己無法承擔更多孩子的經濟負擔，致使家庭氣氛焦慮，孩子也為此深受影響。

如果數個孩子出生的時間間隔較大，那獨生子女的特徵便會發生在每個孩子身上，這種情況並不樂觀。有人會問：「若一個家庭想要養育數個子女，那年齡間隔幾年最恰當呢？年齡相差較少比較好，還是較多比較好呢？」我個人認為，間隔三年左右是最為恰當的。當孩子三歲時再有弟弟妹妹，那他已懂得一些合作精神，也能理解一個家庭不一定只有一個孩子。但當他只有一、兩歲時，就無法與他溝通這個道理，他也難以理解父母的意願，父母也無法引導他的心理，讓他面對將有弟弟妹妹的事實。

如果家中只有一個男孩，其他都是女孩時，那這個男孩的處境也會非常艱難。例如，白天父親在外工作時，他就只能生活在女性的包圍中。他的眼中所見只有母親、姐妹，或許還有女僕，他發現自己與眾不同、備感孤獨。特別是當家中女性聯合起來與他為敵時，更是如此。家中的女性會認為，應該在他的成長過程中施以援手，或是警告他別太自以為是。總之，他們之間會出現大量的衝突和競爭。更糟糕的情況是，如果他在家中排行居中，那就只能承受兩邊的壓力；如果他位居老大，那妹妹們將緊隨其後，威脅他的地位；如果他是家中老么，那就容易成為被寵壞的孩子。在女孩子之中長大的男孩通常不受歡迎，但如果讓他試著學習與其他孩子相處，懂得與他人合作，那這個問題就可以迎刃而解。否則，長期處於女性的包圍之中，其言行舉止可能會偏向女性。

女性環境不同於男女混合的環境。我們常常會發現這樣的情形，在沒有統一管理的宿舍中，女孩的房間會被打掃得乾乾淨淨，物品擺放得規規矩矩，甚至色彩搭配都相得益彰。但如果是一群男孩的住處，則會出現髒亂不堪的狀況，諸如破損的傢俱、雜亂無章的物品，甚至在床上堆滿了未洗的衣物。但在女性環境中長大的男孩就會有這些女性傾向，也會有女性的習慣和特徵。同時，這種環境也會讓獨生子心生厭煩，並極力展現自己的男子氣概。他認為自己的個性和優越地位不容侵犯，但也免不了害怕。他會以堅守態勢，暗中擺脫女性控制。這就造成獨生子向兩個極端方面發展，不是變得強大無比，就是變得軟弱無能。

而一個女孩生活在一群男孩之中也會如此，她們不是太過女性化，就是格外男性化，不安和無助的情緒常常伴隨她的一生，這種情況值得我們仔細研究和調查。其實，這種事情也不會時時發生，所以在尚未深入研究之前，切莫妄下定論。

當我研究某些成人案例時，從中發現了許多童年時期的烙印，而這些事情令他們終生不忘。家庭排行就是其中之一，這是他們永遠無法忘記的，而成長中的困難也大部分由家庭關係的僵化和合作精神的缺乏所引起。如果我們觀察周圍環境，思考一下為什麼我們平時常常看到敵對情緒和競爭現象，我們就會明白那是因為人人都想成為征服者、試圖超越他人。這種目標的造就和他們童年時期的經歷是密不可分的，由於認為自己在家庭中受到不公平的待遇，而激發出時時渴望超越別人的情感。若想修正孩子的這種想法，就必須培養他們與他人合作的精神。

註❶雅各 Jacob

雅各，天主教譯為雅各伯，後來改名為以色列，意為「與天使搏鬥者」。雅各是《聖經》裡的一名族長、以色列人的祖先。其兄以掃長大後成為獵人，有一天打獵回來，他向雅各要紅豆湯喝。雅各趁機要求以掃把長子的名分賣給他，以掃說：「我現在就快死了，長子的名分對我有什麼用呢？」於是起誓把長子的名分賣給雅各。

註❷以掃 Esau

以掃，天主教譯為厄撒烏。根據《聖經》記載，以掃是以撒和利百加所生的長子，身體強壯且多毛，善於打獵，心地直爽，常在野外，更得父親以撒的歡心。而孿生弟弟雅各為人安靜，常待在帳棚裡，更受母親利百加偏愛。後來，兄弟兩人為了繼承權而反目，但最終和好。

註❸約瑟 Joseph

約瑟是亞伯拉罕的曾孫、以撒的孫子、雅各的第十一個兒子。他是雅各寵愛的拉結所生下的第一個兒子，另一個是便雅憫。《聖經》記載，約瑟對他們說：「請聽我所做的夢，我們在田裡捆禾稼，我的禾稼站著，你們的圍著我的下拜。」他的哥哥們說：「難道你真的要成為我們的王嗎？難道你真的要管轄我們嗎？」後來，約瑟又做了一個夢，他告訴他的哥哥們：「看哪，我又做了一個夢，夢見太陽、月亮與十一個星向我下拜。」他的父親責備他：「你做的是什麼夢！難道我和你的母親、你的弟兄要俯伏在地，向你下拜嗎？」後來這個夢就應驗了，約瑟被賣到埃及後，成為埃及宰相，一人之下萬人之上，他的哥哥們都向他下拜。

註❹便雅憫 Benjamin

便雅憫是雅各和拉結的小兒子。便雅憫出生在從伯特利到以法他的路上，以法他就是伯利恆。拉結生他的時候難產而死，死前為他起名為便俄尼，意思是「憂患之子」；他的父親雅各則為他起名為便雅憫，意思是「右手之子」。

II

第二章

學校的影響

School Influences

我們必須找出一批教師，
他們不只是為金錢而教育兒童，
而是能為了人類的利益工作。
這些教師不僅要讓孩子們習得謀生的本領，
還必須教育孩子為社會貢獻的觀念。
教師們必須了解這項工作的重要性，
並且接受良好的訓練以達成之。

教育的變革

孩子不僅要學習父母教授的知識，還要學習父母身上沒有的東西。

學校是對家庭教育的彌補。如果父母對於教育孩子的事宜可以獨包獨攬，也可以讓孩子形成正確的人生觀和價值觀，並使他們順利解決人生中的各種難題，那學校的存在就沒有任何意義了。古代，家庭承擔著教育孩子的全部責任，例如，工匠的兒子可以從父親或祖父那裡習得技術和經驗。但是，隨著社會的發展和進步，社會對人類的要求越來越高，孩子不僅要學習父母教授的知識，還要學習父母身上沒有的東西，這樣不但可以延續父母所傳授的技術，還能學習更多人生哲理，促進社會快速發展。

歐洲的學校教育雖然比美國更為全面，可以貫穿人生中的各個階段，但在傳統教育上的欠缺也是有目共睹的。最初的歐洲，只有皇室或貴族才可以接受學校教育，他們也因此變成社會上身分尊貴的人，其餘百姓只能安安分分地工作，不敢有他求。後來，因為觀念轉變，對社會有益之人的範圍越來越廣，宗教機構轉變為教育的主要部門，人們可以在這裡獲得關於神學、藝術、科學和其他專業的知識。

如今，科學的進步使傳統教育方式和現實社會不相適應，所以，擴大教育範圍成為勢在必行的任務。從前，村裡的校長也許只是鞋匠或裁縫出身，他們上課手持棍棒，常常體罰學生，但是效果不佳。那時的學校只教授宗教、技術和科學方面的知識，甚至連國王也目不識丁。但是，自從工業革命（Industrial Revolution）興起後，社會對人們的要求越來越高，即使是工人也需要讀書、寫字、計算、畫圖。也正是從那個時候開始，才漸漸出現現代化學校的雛形。

但是，這些學校的科目都是應政府要求而設立的，培養的學生也主要是為了政府服務，而且這些人還必須能征善戰，這就是當時學校的全部宗旨。我至今還記得這種教育在奧地利出現過一段時間，當時，他們培訓社會最底層的民眾，目的就是讓他們服從政府的管束、盡自己的本分義務。但是，隨著時間的推移，這種模式的缺陷越來越明顯。工人階級逐漸壯大，自由的呼聲越來越響亮，人民的要求也越來越多。所以，學校便開始順應時代潮流，逐步形成現代的教育模式——孩子應該學會自立，應該了解關於文學、科學和藝術方面的知識，在長大後能夠為人類的文明和幸福做出自己的貢獻。我們讓孩子接受教育，並不僅僅是讓他求得一份工作或學習謀生的技能，而是要他們為人類的發展產生屬於自己的貢獻。

性格教育

一個初入校門的孩子，將會面臨全新的生活考驗，而他在成長過程中的種種缺陷，也會在本次考驗下暴露無遺。

Adler 教師的角色

事實上，那些主張教育改革的人都是想尋找一種讓人類合作更加緊密的方法，只是我們不知道而已，性格教育（Character education）的目的即在於此。如果我們抱持著以上想法理解性格教育，那這顯然是很正常的教育方式。但是，從總體而言，人們還未熟知性格教育的目的和方法。而且，我們必須找出一批教師，他們不只是為金錢教育兒童，而是能為了人類的利益工作。這些教師不僅要讓孩子們習得謀生的本領，還必須教育孩子為社會貢獻的觀念。教師們必須了解這項任務的重要性，並且接受良好的訓練以達成之。

性格教育的重要性

如今，對於性格訓練的方法並沒有成文規定，所以，還沒有什麼正確的辦法可以徹底地糾正人類性格方面的缺陷。即使是學校這樣系統性的教育體系，在性格培養方面的成效依然不大。而在家庭教育中，孩子們早已經形成了自己的性格缺陷，即使上學後接受訓練和糾正，還是會常常犯下同樣的錯誤。所以，唯一的辦法就是提高教師素質，讓他們盡量幫助孩子在學校健康成長。

為此，我走訪許多學校進行調查，最終得出結論——維也納的學校在這方面的成效較好。在世界各地，同樣有許多心理醫生為孩子們治療指導，但如果他們的觀點並不被教師所接受，教師也不知道具體的實施辦法，效果又怎麼可能達到預期呢？而心理醫生在為孩子治療的時候，雖然會時常與他們見面，例如兩、三天見面一次，甚至每天一次，但他們並不了解孩子在家裡和學校的生活環境，所以效果並不顯著。當心理醫生開出一個藥方，要求孩子加強營養或做甲狀腺治療時，也許他會暗示老師：「這個孩子需要特殊的治療和照顧。」但教師並不知道其中的原因，也不知道該怎麼做才是正確的。這時，唯有教師真正了解孩子的性格，才能給予他們最需要的協助。所以，心理醫生和教師的配合至關重要。唯有教師清楚地理解心理醫生之目的，並真正了解孩子的病情，才可以幫助他們治療。即使出現了什麼意外情況，老師也不至於手忙腳亂、不知所措。若想達到這樣的目標，我認為最好的辦法就是像維也納那樣成立各式各樣的諮詢中心，具體的實施方法我將在後面篇章詳細論述。

一個初入校門的孩子將會面臨全新的生活考驗，他在成長過程中的種種缺陷也會在本次考驗下暴露無遺。他需要在學校這個更為廣闊的領域中與他人合作，如果他在家中已經習慣被人寵愛，那他必定不想離開家人的呵護，也不想和其他孩子享受平等的地位。所以我們會發現，那些剛剛步入校園的孩子幾乎沒有社會責任感。他可能會大哭大鬧，想回到父母身邊；他可能對學習和老師沒有任何興趣，不想聽老師的話，因為他只以自我為中心。可想而知，如果孩童一直維持著這種唯我獨尊的狀態，學習成績一定不佳。我常常聽到父母這樣說：「我的孩子在家裡原本很優秀，但一進學校就變得調皮難纏，各種問題接踵而至。」我想，這個孩子在家中的地位一定很高，而且沒有什麼約束和考核，所以「家庭」這個環境不會顯現出他的問題；但在踏入學校之後，他不再享有他人的寵愛，覺得自己瞬間成為了失敗者，於是種種問題紛紛出現。

有一個孩子，從第一天入校起就對學習沒有任何興趣，並且總是嘲笑老師說的話，這讓老師認為他是一個問題兒童。我問他：「你為什麼總是嘲笑老師所說的話呢？」

他說：「因為父母把孩子送到學校，就是被人戲弄的，學校會把我們教成一個個傻瓜。」

因為他在家中常常遭受他人耍弄，所以進入學校後，他依然覺得別人在戲弄他。他過於看重自己的自尊，事實上，沒有人整天想著捉弄他。後來，在我的指導下，他開始喜歡學習，學業成績也逐漸提升。

師生關係

教師不但要教授知識，更要發現孩子的問題，還要幫助孩子的家長糾正錯誤。有的孩子因為在家裡已經學會關注他人，所以在進入學校後他們便很容易適應這種環境。而那些在沒有任何準備的情況下，就被迫接受新環境的孩子，就會表現出畏縮不前的狀態。他們的反應和動作遲緩，但這絕非智力問題，他們不知如何去做的原因是根本不知道如何適應社會，不知道如何與他人交往。這時，他們就需要教師的說明，以讓他們盡快融入新環境。

那麼，教師需要如何說明呢？首先，老師可以把自己視為母親，與孩子們親密相處，吸引孩子的注意力。孩子會因為對於接觸之人的興趣多寡，而決定他今後改善的好壞程度。絕對不可以用訓斥或懲罰的方式，因為那不會有任何作用。如果訓斥或懲罰一個不想融入學校環境的孩子，就會讓孩子形成一種錯覺——我想的果然沒錯，學校真的是個令人討厭的地方。以我所見，如果一個孩子在學校常常受到老師懲罰和訓斥，那肯定不願意再和老師見面，也會盡力逃離這種環境，以求不受學校束縛。

那些蹺課、調皮、成績較差、看似愚笨的孩子們，他們討厭學校的原因多數是人為造成的。他們並非天生愚笨，因為在編造翹課理由和模仿家長筆跡方面，他們總是比別人略高一籌，然而在學校中幾乎沒有人肯定他們的優點。走出校園後，他們就會和其他翹課的孩子混在一起，他在這裡得到的讚揚反而多於學校。所以，和其他翹課的孩子在一起會讓他產生成就感，導致他認為能夠顯現自己價值的地方不是學校，而是在其他群體之中。這樣我們也就了解，為什麼那些在班級中被視為異類的孩子總是容易被犯罪分子誘騙。

Adler 引發孩子的學習興趣

老師若想吸引孩子的注意力，就要了解這個孩子以前對什麼感興趣，並且鼓勵他，不管是在以前感興趣的事物或是未來其他方面，他都將取得很好的成就。如果孩子對某件事充滿自信，那對其他事物同樣會有信心。所以，我們需要知道這個孩子最初認知世界的方式，是什麼吸引了他們的注意力，以及他們的優勢所在。有的孩子喜歡觀察，有的喜歡聆聽，有的則極為好動。視覺型的孩子會對那些需要運用眼睛的事物感興趣，例如地理或繪畫。但是，如果他們沒有機會在視覺方面發揮常處，那他們接受知識的速度就會十分緩慢。例如，他們總是無法集中注意力聽課，所以，他們就有可能被認為是因為遺傳因素造成的智力問題或天分不佳。

在這一問題上，家長和老師當然是有責任的，因為他們根本不知道孩子的興趣所在，更別說正確地引導孩子。在此，我並不是說要對孩子的早期教育進行特殊培訓，但我們可以根據他們的興趣，培養他們對其他方面的興趣。現在，有一些學校開始採用調動多種感官的授課方式。例如，結合繪畫和模型，我認為應大力推崇這種教學方法。其實，我們應該將課程放在社會的大背景下教授，這樣可以幫助孩子了解課程的實用價值和學習目的。有的人常常會問：「讓孩子記住事實比較重要，還是培養他們獨立思考的能力比較重要呢？」其實，這兩者並不能一分為二，兩者應是一個變動的結合體。例如，在教授數學的時候，結合建造房子的實際案例，讓孩子計算建造房屋需要的木材、住戶數量等，這樣對於教育孩子來說，有很大的益處。

在教學過程中，我們應該常常結合許多學科進行綜合分析，連結教學內容和日常生活中的事物。例如，老師和孩子一起戶外教學時，就可以沿路講解各種植物的名稱、構造、用處、習性，還有氣候對它們的影響、景觀的物理特徵、農業的歷史等，從而找到孩子的興趣所在。當然，這些情況的前提是教師對孩子的愛，否則一切就無從談起，更別提教育了。

課堂裡的合作與競爭

在教育過程中，我們應該讓孩子增加對自己的興趣和自信，並消除他為自己套上的枷鎖。

在現行的教育模式下，我們常常發現，孩子在剛剛進入學校時，心理上對於競爭的準備遠遠比合作的準備充足。這種競爭的思想在孩子上學的過程中一直存在，但這並不是好現象。因為，如果那些優秀的孩子超越了其他孩子，那也不代表他就比那些成績不佳的孩子快樂。這都是由於個人的自私心理造成的，他們的目的並不是合作和貢獻，而是獲得利益。我們應該讓孩子了解，在學校中的學生都是平等的關係，就像家庭是一個整體，成員之間亦是平等的一樣。如此一來，他們才可以和其他同學互相合作幫助。

我曾遇過許多問題兒童，在後來與同學合作之後，逐漸改變了自己的人生態度。在此我舉一個特殊的例子：有一個孩子在家中並不受寵愛，所以他覺得世界上人人皆與之相對。在進入學校之後，他依然有這樣的想法，認為沒有人對他友好和善。另外，因為學習成績較差，所以他在家裡常常受到父母訓斥。這是極為常見的，當考試分數不如預期時，他受到老師責罵；回家後，又受到父母斥責。其實，一次責罵就已經讓人感到不愉快了，更何況兩次呢？由此，這個孩子開始覺得絕望，在班級中玩鬧調皮，致使成績越來越差，導致惡性循環。後來，他遇到一位老師，這位老師理解他的處境，並給予他很多幫助。老師向所有同學們解釋他認為同學都對他不友善的原因，而後，同學們開始主動接近他，讓他感受到善意和溫暖。最後，這個孩子在成績和行為上都有了巨大的進步。

有的人可能會懷疑孩子們是不是真的可以理解並幫助他人，但是我卻認為，孩子往往比大人更能理解同齡人的心情。我曾接待過這樣一家人，一個母親帶著一個三歲的男孩和一個兩歲的女孩。女孩爬上桌子，媽媽嚇得不敢動彈，顫抖著聲音說：「快點下來！」可是女孩沒有任何反應。這時，小男孩上前說：「站在那裡，不要亂動！」結果女孩卻主動爬了下來。因為孩子更能理解同齡孩子需要的是什麼，而這種需求是大人無法理解的。

另外，讓學生自行管理班級，是培養合作精神的一個好方法。當然，這種行為還是要在老師的監督和指導下進行，並且應先了解孩子們已有自行管理的能力。否則，他們會認為這是一場遊戲，行事隨意、自認為比老師更厲害、利用職權攻擊他人，結果適得其反。

一般情況下，我們總是用各種各樣的測試測定孩子的智商、性格和社交能力。我們不得不承認，有些測試對孩子們的確有利。例如，有一個男孩的學習成績很差，老師想讓他留級，最後透過測試發現他並不是智力低下的孩子，所以又讓他繼續升級。但是，我們應該特別注意，孩子的潛力是無法預測的。智商只能表明這個孩子有無問題，並幫助他盡快解決。以我之見，只要不是智力特別低下的孩子，在測驗中只要懂得做題技巧，結果就會有所改變。我發現在智力測驗的題目之中，孩子們總能輕易地找出其中規律，這樣一來，他們所測定的智商當然很高。總之，智商的測試和孩子未來的潛力是沒有根本關聯的，智商既不是天生就有，也不是一生不變的。

關於測試的結果，其實不應該讓孩子或其父母得知。因為他們並不了解測試的最終目的，會誤認為這一結果極具代表性。教育的最大問題不是孩子行為上的限制，而是思想上的限制。如果孩子發現自己智商測試的結果很低，就會越來越失望，認為自己永遠不會擁有成就。在教育過程中，我們應該讓孩子增加對自己的興趣和自信，並消除他為自己套上的枷鎖。

其實，成績單同樣也是如此。當老師將成績單交到學習成績較差的孩子手中時，他們也許覺得孩子們會以此激勵自己。但是，在那些父母嚴厲的家庭之中，學習成績較差的孩子是很懼怕成績單的。當他們拿到成績單時，會妄加塗改或不敢回家，甚至產生極端的想法，例如自殺。所以，老師雖然無法干涉學生的家庭生活，但這也是他們必須考慮的後果。

而對於那些寄予孩子厚望的家長而言，一張成績較差的成績單就有可能讓他們暴跳如雷。一個考試成績常常無法盡如人意的孩子，會被人們公認為「壞孩子」，那他就會漸漸失去自信，認為自己永遠無法成為優秀的人。事實上，即使是最差的孩子也有進步的可能，很多卓越的人才並非從始至終都學習優秀。那些事例告訴我們，即使是學校中的「壞孩子」，只要擁有自信，同樣可以獲得成功。

我發現了一個很奇怪的現象——不用成績單的幫助，孩子們就可以準確地測定其他孩子的能力。他們知道誰的專長是數理、誰的專長是繪畫、誰的專長是體育，並且知道他們的成績如何。但是，我們常常錯誤地認為這種成績是固定不變的，遇到那些成績很好的人，我們就覺得自己永遠比不上他。如果孩子的心中一直存有這種想法，那就註定他的一生不會有所作為。長大成人後，他仍然覺得自己不如他人，並極力尋找自己與他人之間的差距。

學校裡常常有這樣一種現象，優等生、中等生和劣等生的成績、名次總是在自己的範圍內徘徊不變。其實這並不是什麼天生遺傳的因素所致，而是因為他們的思想束縛了自己的能力，他們以為自己就是這樣的人，永遠無法進步，也永遠不會後退。老師和孩子都不應該認為「遺傳決定著一個人的智力和能力」，我們應該讓孩子明白，自己的思想將束縛自己的發展。

先天因素與後天培養

後來，我的數學成績在學校裡名列前茅。所以，我自己推翻了特殊天才論和先天能力論的錯誤觀點。

「遺傳決定成長」的這種迷信觀點，是教育領域中各種錯誤危害最大的。父母或老師常常以此為藉口推卸自身的責任，他們認為一切都是遺傳的原因，所以自己對孩子的成長和發展可以不負任何責任。我們應極力反對這種逃避責任的行為，如果遺傳將決定一個人的智力和能力，那學生時期的劣等生註定日後也不會有所作為，但事實並非如此。所以，老師或父母應該正視自己在孩子成長過程中的重大責任，不應逃避或對孩子不聞不問。

我說的遺傳並不包括身體缺陷的遺傳，因

為個體心理學所研究的只有大腦發育的遺傳問題。而身體有缺陷的孩子在行動上註定會受到某些限制，所以他們的思想也會有所顧慮。其實，身體的缺陷並不會影響智力發展，只會影響他們對殘疾和身體發育的看法。所以，當一個孩子在身體上有缺陷的時候，我們一定要讓他知道這並不會影響其智力和能力的發展，這一點極其重要。之前我已經提到，身體的殘疾可能會成為激發他潛能的巨大動力，也可能成為阻礙他發展的最大障礙。

我首次將這一觀點公之於眾的時候，遭受許多攻擊，他們認為這是我的一己之見，沒有任何科學依據，也不符合客觀事實。然而，這是我親身體驗所得出的結論，而且這種結論的正確性已逐漸被證實。如今，許多精神病學專家和心理學專家也對此觀點持正面態度，摒棄了流傳幾千年的遺傳學觀點。人們在推脫自己的責任和用宿命論解釋人類行為時，便會引用遺傳論的觀點，他們認為孩子的善惡在出生的那一刻就已經決定了。這當然純屬謬論，只不過是人們為了逃避責任的一種藉口而已。

事實上，「善」與「惡」和其他性格一樣，都是根據周遭環境產生的。它們是人類在特定環境中相互產生的結果，其實也就是對周遭環境、行為的一種判斷——此人的行為是「為他人著想」，還是「只為自己著想」。孩子在剛剛出生的時候，根本沒有這方面的意識。在出生後，他有了選擇發展方向的潛能，而周圍的環境和人生的態度會對他的選擇產生巨大影響，促使他抉擇。當然，教育在其中也具有重要的影響。

智力的遺傳亦是如此。我們已經知道，興趣是影響智力發展的最大因素，然而影響興趣的因素並非遺傳，而是缺乏自信和害怕失敗。大腦的結構是由遺傳而來的，但並不是思維產生的源頭，而是一種思維的工具。如今看來，大腦的缺陷並非無法改變，透或適當的訓練，即可完全彌補大腦的限制。所以，傑出人才並非具有超出常人的基因，而是永不停歇的興趣和努力。

例如，有的家庭中祖祖輩輩都會誕生傑出的人物，但仍不能將原因歸於遺傳。這是家庭中成員互相激勵的結果，或是家庭傳統使孩子具有繼承前人事業的想法，在實踐中不斷培養自己的能力。我們都知道「有機化學之父」李比希❶（Justus Freiherr von Liebig）的父親曾是藥店老闆，但我們也不能完全認為李比希的化學才能是遺傳父親所致。在進一步研究其生平後，我們會發現他的愛好完全源自於對周圍環境的濃厚興趣，在同齡孩子對化學還一無所知時，他就已經對此非常熟悉了。

再舉一個例子，雖然音樂神童莫札特❷（Wolfgang Amadeus Mozart）的父母異常喜歡音樂，但他的音樂成就也並非遺傳所致，而是因為他的父母希望他取得音樂方面的成就，所以給予了他很多鼓勵。所以，良好的家庭環境才是他取得成就的基礎。在眾多傑出人物身上，我們都發現「起步較早」的現象。在四、五歲的時候，他們就開始彈鋼琴；在很小的時候，就將家中的事情寫成故事。他們會一直保持自己的興趣，接受自然而廣泛的訓練，他們信心十足且異常堅定。

孩子們都會將自己的能力限制在某一個範圍之內，如果老師認為這是無法改變的，他們就不會幫助孩子發展。老師簡單的一句「你沒有數學天賦」，就有可能使得孩子失去信心。我曾親身經歷過這樣的事情，在學校中，我是一個數學很差的學生，我也確定自己在數學方面沒有任何天賦。但是有一天，我解開了連老師都不會解的一道題目，這完全改變了我之前的想法。我開始由厭惡數學變成喜歡數學，並且一直尋找提高數學成績的每一個機會。後來，我的數學成績在學校裡名列前茅。所以，我自己推翻了特殊天才論和先天能力論的錯誤觀點。

註❶李比希 Justus Freiherr von Liebig

尤斯圖斯・馮・李比希男爵，德國化學家。他最重要的貢獻在於農業和生物化學，並創立了有機化學。作為大學教授，他發明了現代實驗室導向的教學方法，因為這一創新，他被譽為歷史上最偉大的化學教育家之一。他發現了氮對於植物營養的重要性，因此也被稱為「肥料工業之父」。

註❷莫札特 Wolfgang Amadeus Mozart

沃夫岡・阿瑪迪斯・莫札特。出生於神聖羅馬帝國薩爾斯堡，逝世於維也納，是歐洲最偉大的古典音樂作曲家之一。莫札特三歲時便展現出他的音樂才能，他不僅具備絕對音準，更有超出常人的記憶力。五歲時更請求父親教授大鍵琴，隨後亦獵及小提琴、管風琴和樂曲創作。六歲時，莫札特已譜出三首小步舞曲和一曲快板。莫札特短暫的一生寫出了大量音樂作品，體裁形式涉及各個領域，留下許多不朽的傑作。

童年時期的個性發展

讓他們成爲獨立自主、富有激情、樂於合作的人，這也是謀求人類幸福的最大保障。

知道如何了解孩子的人，可以很輕鬆地辨別孩子的不同性格和對待人生的態度。從一個孩子的行為、姿勢、觀察方式、聆聽方式、與其他孩子的距離、交友的態度、受關注的程度、注意力等方面，便可以知道這個孩子的合作能力。一個常常將作業或課本亂扔亂放的孩子，必定對學習沒有興趣，這就需要我們找出他們不喜愛學習的原因；一個不喜歡和同學一起玩耍的孩子，內心一定是孤單自私的，這當然也需要我們的幫助；在寫作業時總是尋求幫助的孩子，則獨立性欠佳，時時刻刻都想得到別人的支持和幫助。

有些孩子唯有在讚美和表揚之下，才會想要完成作業。很多被家人過於寵愛的孩子，唯有在得到老師關注時，才會好好學習；如果老師忽略他，那問題便會立刻出現，他們在不受關注之時，會失去任何興趣和信心。這樣的孩子在數學方面常常表現不好，他們往往記得許多公式和規則，但一到了需要實際運用的時候，就有些不知所措了。

孩子總是乞求家長的幫助和支持，這看起來並沒有什麼大錯，但對孩子日後的生活卻有著巨大危害。如果他們一直持續這種行為，長大後也一定會繼續乞求他人的幫助和支持。一旦遇到人生難題時，他們首先想到的便是別人。這樣的人不會對社會有所貢獻，反而會成為社會和同伴的負擔。

還有另外一種孩子，他們時時想贏得旁人的關注，一旦被人忽略，他們就會以惡作劇、調皮搗蛋、帶壞其他孩子、讓大家厭惡的方式達到目的。訓斥和懲罰對這樣的人來說沒有任何作用，反而會適得其反。因為他們寧願被懲罰，也不想被忽略，他們的惡劣行為只不過是想換來別人的關注。很多孩子將懲罰視為一種挑戰，在這場比賽中他們會和你對峙，看誰堅持的時間更長。最後，勝利的人往往是他們，因為他們掌控著事情的結果。這樣的孩子在遇到父母和老師的訓斥時，並不會表現得愁眉苦臉，反而笑臉相對。

再來是懶惰的孩子，除非他們的懶惰是為了對抗自己的老師或父母，否則他們定是有遠大志向但害怕受挫的孩子。每個人對於成功的定義不盡相同，當我們遇到一個將任何事都視為失敗的孩子時，一定會感到吃驚。有人認為，只要無法超越所有人，那就是一種失敗。懶惰的孩子根本就不知道什麼是真正的失敗，因為他們沒有接受過任何真正的考驗，他們總是處處逃避困難，並且很難決定是不是應該與人一決高下。旁人會認為，如果這個孩子不是因為懶惰，那可能可以克服一切困難。而這也正好讓他為自己找到了躲避問題的理由，他們會說：「如果我努力去做，什麼事都將易如反掌。」但是當遭遇失敗時，他們又會找到新的理由：「並非我沒有能力，只不過是懶惰而已。」以此贏回自己的自尊。

有時，老師會對那些懶惰的學生說：「其實你很聰明，只要你再勤奮一些，一定會成為班裡最優秀的學生。」這樣的評語無疑是對他的一種肯定，他也會因此贏得同學們的關注和羨慕。而且，既然不努力也可以贏得別人的讚揚，那為什麼還要努力呢？也許在他變得不再懶惰的時候，人們就會明白他並不是什麼「身懷絕技」之人。此時，別人不會再認為他是有能力的，只是因為懶惰不想發揮而已，而是開始根據成績評判他的成就。懶惰的孩子還有一點好處，那就是即使取得一點小小的成功，也會得到別人的稱讚。旁人都希望這些讚揚成為激勵他們獲得更大成功的動力，所以不斷地給予誇獎；但是如果同樣的成就發生在勤奮的孩子身上，也許並沒有人會在意。所以，懶惰的孩子就這樣在別人的期待中生活，從小就形成依賴他人的習慣。

還有一種孩子容易引起我們的注意，那就是在孩子中總是擔任領導角色的人。人類無論何時都不能沒有帶頭的領導者，但我們真正需要的是那種顧全大局的領袖，然而這樣的人卻不多。喜歡領導同伴的孩子們只是喜歡領導別人、駕馭別人的情境，唯有在這種情況下，他才會參與其中。所以，這類孩子的未來並不樂觀，在日後的生活中他們會遇到各式各樣的煩心事。如果兩個相同性格的人走在一起，不論結婚、經商或交友，其結果不是悲劇就是鬧劇。他們都想控制對方，讓自己成為對方的領導者。有時，一個孩子總是以領導者的身分指派家人的時候，旁人總是認為非常有趣，並任其發展。但是，我們很快就會發現，這種做法對培養良好的性格並無益處，也不利於孩子們融入社會。

當然，孩子們性格各異、類型眾多，斷不可將他們拘於一種類型或模式。我們要做的是，盡量幫助他們糾正有可能導致失敗或錯誤的習慣，這種性格在童年時期比較容易更正。如果任其發展，待孩子長大成人後定會對他們造成極為不利的影響。童年時期的習慣和成人之後的失敗有著不可忽視的連繫，因為那些精神疾病患者、酗酒者、犯人或自殺者，幼年時期大都是沒有合作精神的孩子。

罹患焦慮症的孩子會害怕黑暗、陌生人和新環境；憂鬱症的病人在兒時總是哭鬧不休。在現實環境中，我們無法做到在每一位父母身邊幫助他們糾正錯誤，尤其是那些最需要得到建議卻從不接受諮詢的人。但是我們卻可以走近教師，讓他們防止孩子犯錯或糾正孩子已有的錯誤，同時，讓他們成為獨立自主、富有激情、樂於合作的人，這也是謀求人類幸福的最大保障。

對教育工作的觀察

如果班級很大，那其中就會有很多不同類型的孩子，這對於我們了解他們的性格更加有利。

如果班級很大，那其中就會有很多不同類型的孩子，這對於我們了解他們的性格更加有利。但是也有其不利之處，像有些孩子的問題會因此被隱藏，導致我們更難找到合理的解決方法。這就要求我們的老師熟知每一個學生的性格，否則根本無法培養他們的合作精神。我個人認為，讓孩子在幾年之內都跟隨著同一個老師，對孩子比較有利。有些學校規定一個學期更換一次老師，這樣就使得老師無法融入至孩子中，也無法發現孩子身上的問題，也就無法糾正錯誤，這對孩子的成長極為不利。如果讓孩子們在三、四年中都跟隨同一個老師，那老師就可以持續糾正他們的錯誤，並幫助他們培養正確的人生態度，這樣的班級也會更加團結。

一般來說，跳級並不是一件好事，因為這樣會將更多超出現實的願望壓在孩子身上。如果班級裡的某位同學年齡長於他人或智力發展較快，我們往往會讓他跳級。但是，如果這個班級原本很團結，那這個特別優秀的孩子就會對帶動其他孩子產生很大的助益，也會讓其他孩子的發展突飛猛進。但是，如果將這個孩子調離班級，那顯然對其他孩子不公平。我想建議這些出類拔萃的孩子參加一些課外培訓，例如繪畫等。如果他在課業之外的其他方面取得成就的話，也會帶動其他孩子的興趣，從而激勵他們前進。

但最壞的情況還是留級。所有老師都這樣認為——留級的孩子在家中或學校都是問題兒童。也許這並不是絕對，因為有些在班級中安安靜靜、不會製造任何麻煩的孩子也會留級。但絕大多數並不是這樣的，留級的孩子通常是班級中最調皮的，且學習成績異常低下。他們被同學們輕視，也對自己沒有信心。雖然留級是有害無益的，但目前很多學校都存在這種現象，可見這一問題並不容易解決。如果想幫助這些孩子，唯一的辦法就是藉著假期時間，讓教師為這些孩子找到他們形成錯誤人生態度的原因，並幫助他們改正。如果這些孩子了解自己的錯誤所在，他們也許會加以改正，然後在下一個學期好好學習，提高自己的學業成績並快速前進。

不管在哪裡，只要我看到學校根據智力將孩子分為優等生和劣等生，我就會想到一種情形。這是我在歐洲常看到的一種情況，不知道美國是否一樣。後段班中全是智力低下和窮人的孩子；而前段班則是有錢人的孩子。這樣的分配顯然不公平。貧困家庭的學前教育原本就比不上富人，因為他們的父母沒有時間，甚至連父母都沒有受過基本教育。我認為將欠缺學前教育的孩子分到後段班，顯然並不適合。因為一個合格的教師應該了解如何彌補學前教育的缺失，所以將他們和那些接受良好學前教育的孩子放在一起，是完全沒有問題的。如果將這些孩子分到後段班，結果可想而知，前段班的孩子將鄙視他們。這樣就會讓這些孩子越來越失落，也會扭曲他們的人生態度。

其實，學校教育中還有一個不可忽視的方面——性教育。這是一個很複雜的問題，老師不能在課堂上對學生堂而皇之地提及這一問題，因為這樣並不能保證所有孩子都能正確地理解他的意思。這樣做也許會引起孩子們的興趣，但是教師並不知道他們是否已經準備好接受這方面的知識，也不會知道孩子會不會將這些知識與自己的人生態度相連繫。如果孩子想知道更多關於性方面的知識，老師應該直言不諱地回答，這樣就可以了解孩子想要的是什麼，也就可以為孩子指出正確的方向。

III

第三章

青春期

Adolescence

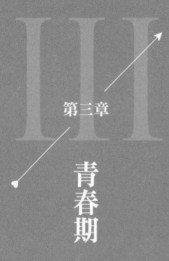

如果一個人把自己視為社會中的一分子，
並且知道為社會奉獻的意義，
尤其是可以用平和的心態和異性結交，
那青春期只不過是為了計畫未來所做的準備。
如果他覺得自己低人一等，
就會對環境產生錯誤認識，
那在青春期面前必定顯得不知所措。

青春期的特點

父母想讓孩子知道他們還小，但孩子卻一再表明自己已經長大了。這樣就會讓孩子形成一種叛逆心理。

各個圖書館內皆大量收藏有關青春期的書籍，且幾乎所有書籍都認為青春期是形成個人性格的關鍵時期。青春期的確存在一些危險，但如果說這種危險可以改變一個人的性格，則證據不足。

孩子在青春期的成長中，必須面對全新的環境，迎接全新的問題，人生好像離自己越來越近，一直隱藏的錯誤人生態度也逐漸暴露。雖然在青春期之前，這些錯誤也會被經驗豐富的人看穿，然而隨著青春期來臨，這些錯誤將更加明顯，再也無法視若無睹。

心理方面的特徵

青春期對每一個孩子而言，最主要的作用就是證明自己已經長大了。如果我們能夠使他相信「成長」是水到渠成之事，就可以減輕其很多壓力。如果青春期的孩子非要迫切證明自己的成熟，他們就不可避免地會產生表現自己的強烈意圖。

青春期的孩子常常表現出一些不同的行為——獨立自立、與成人平等的性格、成熟的氣質，他們的這些行為往往是源自於他們對「長大」的理解。如果在他們的心中，「長大」就是不受約束，那他們就會為所欲為，這也是青春期的常見現象。有許多孩子學會抽煙、喝酒、罵人或夜不歸宿；有的人會與父母為敵，致使父母對自己一向順從的孩子感到疑惑。其實，這並非是因為孩子對父母產生了另一種態度，而是孩子心中一直在和父母作對，只是直到他們有對抗能力的時候才表現出來。平時經常被父親訓斥和打罵的男孩，看似順從實則內心叛逆，他一直在等待報復的機會，直到他認為自己有能力與父親對抗的時候，就會公然作對，甚至離家出走。

一般來說，青春期的孩子會獲得更多的自由，父母認為他們已經長大，不再過分管束。如果父母繼續強制管理，他們就會設法脫離控制。父母想讓孩子知道他們還小，但孩子卻一再表明自己已經長大了。這樣就會讓孩子形成一種叛逆心理，即我們所說的「青春期叛逆」（Adolescent negative）。

Adler 身體方面的特徵

關於青春期的時間跨度，目前我們還無法嚴格界定，大多數孩子是從十四歲左右開始，一直持續到二十歲，然而也有少數從十一、二歲就開始了。此時，孩子的身體會產生較大的變化，也可能導致發育不協調。例如，他們的身體和手腳都比之前大，身體不再靈活。這時，他們需要增加運動量，以讓身體活動更加協調。在這一過程中，如果因此受到旁人嘲笑或指責，他們就會認為自己是一個天生笨拙的人。如果一個孩子因為動作僵硬而被人恥笑，日後就會變得笨手笨腳。

在孩子的發育過程中，內分泌腺的作用也不可忽視。雖然人類在嬰兒時期就已經具有內分泌腺，但在進入青春期後，它們會變得異常活躍，分泌越來越多，從而帶動第二特徵出現。例如，男孩長出鬍鬚，聲音變粗；女孩變得豐滿，更接近成熟女性。但這些未知的事物往往讓孩子們不安和恐懼。

Adler

自我挑戰

如果孩子還沒做好準備應對成年生活的到來，當遇到友情、愛情和事業的問題時，他們就會變得不知所措，認為自己根本無法解決這些問題，於是變得膽小怕事、不敢面對、只想孤獨一人。在工作方面，他認為自己不會有任何成就，因為他對任何事情都不感興趣。在愛情和婚姻上，他害怕與異性相處，甚至相見。在與人交談時，他們會臉紅、說話結巴、無法流利地表達自己的想法。也因為如此，他就會逐漸對人生感到絕望。

這種人屬於極端案例中的一種，他們面對人生的問題時根本無法應對，他們的行為也無法被眾人理解。他不看別人，不與人交談，也不聽別人的談話；他不工作，不學習；他只想隱形在一個自己想像中的理想社會，做出一些令人作嘔的自慰行為。這是精神分裂症的症狀，亦是人生中的一個錯誤。這時，如果我們可以指出他的錯誤之處，並鼓勵他走上正確的道路，他的病症就會有所改善。但是，這個問題並不容易解決，因為我們必須以科學的視角分析他的過去、現在和未來，改正他成長過程中的所有問題。

青春期的問題

這些孩子們是堅毅勇敢的，他們並不畏懼自立所帶來的困難和風險，他們會在困難面前創造更多機會和成就。

青春期會出現許多問題，那都是因為在人生三大問題上沒有獲得良好的訓練。如果孩子對未來沒有自信，必定會選擇最便捷簡單的方法，但是，這些方法往往無法取得良好的效果。

此時，如果我們採用批評、施壓或警告的方式，他便越發覺得自己無法自拔。我們越想讓他前進，他們就越想後退。在這個時候，除了鼓勵之外，任何方法都是沒有用的，甚至還會產生相反的效果。青春期孩子的心中充滿失望、悲觀和恐懼，註定無法獨立向上發展。

被溺愛的孩子

據我所知，在家中越被寵愛的孩子，青春期的問題越發嚴重，這一點我們很容易理解。那些事事由父母承擔的孩子，很難獨自肩負起成人的責任。不管在哪裡，他都想成為眾人的焦點，但是隨著長大成人，他們覺得自己不再受人關注，所以覺得被生活所欺騙，他們覺得是人生讓他們變得如此慘敗。他們只在自己內心的溫馨世界中成長，認為周圍的世界都是冷漠無情的。

耽溺於童年

在這一時期，有些人仍沉溺於幼年的幻想之中，他們會假裝幼稚，用兒童的腔調說話，甚至和更小的孩子玩耍。但多數人還是想讓自己的言行舉止表現出成人的風範，如果沒有足夠的勇氣，他們就會亦步亦趨地模仿大人。例如，模仿那些多金男人揮霍奢侈，並且招蜂引蝶，製造各種風流韻事。

輕微犯罪

在那些不易處理的案件中，常常出現這種情況：當一個孩子還沒弄懂如何處理生活中的問題時，就開始肆意而為，從而導致了犯罪。這可能是因為他們所做的某些壞事還沒有被發現，並且認為自己聰明到不會被旁人發現。在出現生活問題，尤其是在經濟拮据之時，他們往往會產生犯罪的念頭或行為，這是他們逃避生活的唯一捷徑。所以，少年犯罪通常都是處在青春發育期的孩子。此時，我們看到的並不是一個新的問題，而是在較大的壓力下，積聚在兒童時期的某種激流被激發出來的結果。

精神疾病

那些不愛交際、比較內向的孩子，通常有很高比例罹患精神疾病，這樣的人總是自我感覺良好，並且為自己的種種作為尋找各式各樣的理由，這同樣是他們逃避生活的一種方法。很多孩子會在青春期的時候表現出精神疾病或精神失常的症狀，當一個人在社會中遇到麻煩卻無法解決的時候，就會罹患精神疾病，從而導致精神方面產生巨大壓力。這種壓力在青春期時異常敏感，它會刺激所有器官，也會影響所有神經，這種身體的不適就自然而然地成為那些病患的藉口。所以，這種人常常在心中認為，因為自己身體欠佳，所以可以不對任何事負責。這種行為就展現了精神疾病的全部症狀。

那些精神疾病患者總是說自己想做好每一件事，認為自己願意承擔人生的責任、自己可以面對人生中的各種問題。但是，當問題擺在眼前時，他們就會將自己之前的想法一推了之，轉而將病情作為搪塞的理由。這樣就好像在告訴旁人：「我想解決生活中的問題，但是很無奈，我有心無力。」在這一點上，它和罪犯大大相反。罪犯通常惡意盡露，但對於社會責任則麻木不仁。可是，我們很難區分到底哪種人較無法感受人生的幸福：精神疾病患者往往意圖良好，但行為惡劣自私，從而妨礙與他人的合作；而罪犯雖然對他人充滿敵意，但其心中依稀殘存的社會責任感，卻讓他在痛苦中不斷壓抑自我。

Adler 與預期相悖

當孩子進入青春期時，我們常常會發現有一些事情開始朝著相反的方向發展。很多以前學習較好的孩子成績開始下降，那些資質平庸的孩子反而在學業成績方面開始超越他們，且產生讓人意想不到的效果。其實這種現象並非與之前相反，也許那些學習不錯的孩子在進入青春期後，開始害怕自己的學業不如別人，這時如果有旁人的肯定和讚揚，那他們就可以繼續維持良好的成績。但是如果讓他自己擔起學習的重任，他們就會變得畏畏縮縮、勇氣不足。有的孩子則因為青春期的自由變得信心十足，他們憧憬著一條美好大道，通向光明的未來，他們的腦海中總是浮現新的想法和計畫。他們有了更強的創造力，對各方面的感覺也更加敏銳，對事物充滿熱情。這些孩子是堅毅勇敢的，他們並不畏懼自立帶來的困難和風險，他們會在困難面前創造更多機會和成就。

渴望讚賞與認同

那些在家中自認為被人忽視的孩子，如果與人建立了友誼，就會非常希望得到別人的稱讚，且會不斷尋求這種稱讚。如果男孩表現出這種情形，將是很危險的。如果是女孩，她們也會失去自信。因為在她們的眼中，唯有得到別人的稱讚才能展現自己的價值，她們日後便很容易對那些大獻殷勤的男人投懷送抱。我見過很多這樣的事例，有些女孩在家中不受父母的寵愛，往往很早就有了性行為。這樣做不僅表明自己已經長大，更表現她們的愛慕虛榮，她認為這樣可以贏得別人的關注和讚許。

有這樣一個女孩，她出生在一個貧苦的家庭中。她有一個身體虛弱的哥哥，所以，母親的心思基本上都在關注哥哥，在無意中就對她有些忽視。更為不幸的是，在她的童年時期，父親也罹患重病，這樣一來，母親就更沒有時間照顧她了。

所以，這個女孩一直在尋求一種被人呵護的感覺，因為在家中她從沒有享受過這種待遇。後來，她父親的病總算痊癒了，但她的母親又生下一個妹妹，而後，妹妹自然而然就成為了母親的焦點。所以，在這個女孩看來，她是家中最不受關注的人。但是她卻一直表現得很好，不管是在家裡還是在學校。因為成績優異，家人順理成章地一直讓她繼續學業，後來將她送入了高中。一開始，高中的老師並不知道她的情況，她也因為接受不了新學校的教學方法，成績一路下滑。之後，老師的批評也就在所難免，於是她變得很失落。她想得到別人的讚揚，但是不論在家裡還是學校，從來都沒有人認同她，她認為自己的人生又有什麼希望呢？

於是，她開始尋找喜歡自己的男人。在與一個男人相處了幾次之後，她就離開了家，和那個男人同居。在和男人同居的兩周裡，她的家人異常焦急，一直在找她。結果正如我們所想的，她沒有得到應有的尊重，於是開始懊悔自己陷入了這樣一段感情中。

後來，她試圖自殺。她寄給家裡一封信，寫道：「我已經吃了毒藥，但是你們不用擔心，因為我很高興。」其實，她並沒有這麼做。因為她心裡很清楚，她的父母仍然愛著她，她還有機會贏得他們的關注。所以她沒有做出傻事，只想讓母親尋找她，然後帶她回家。如果當初女孩明白自己的一切行為只不過是想得到他人的欣賞，也許就不會有這麼多事情發生了。如果在高中時期，老師對她較為了解，也許就不至於出現這種情況。高中之前，女孩的成績一直很優異，如果她的高中老師知道她是一個對成績極為關注的人，也許並不會採取之前的做法，也就不會讓她對人生失去希望。

還有這樣一個案例：一對性格軟弱的父母很希望生下一個男孩，但不幸的是，他們卻生下了一個女兒。由於這對父母有著男尊女卑的陳舊觀念，所以他們並不喜歡自己的孩子，這就註定了這個孩子在這個家庭中不會得到應有的關愛。小時候，她常常聽到母親這樣對父親說：「這個孩子沒有一點討人喜歡的地方，長大後也不會受人歡迎的。」或說：「日後她長大了，我們又該怎麼辦呢？」

在十多年的成長過程中，她一直處在這樣的環境之中。有一次，她發現了母親一位朋友寫給母親的信，信中敘述不要總為有一個女兒而悲傷，她還年輕，以後還可以再有一個男孩。

我們可以想到女孩看到信件後的心情。幾個月之後，她前往鄉下看望自己的叔叔。她在那裡結識了一個的男孩，並和他談戀愛。她對男孩付出了很多，但後來男孩離開了她，這讓她異常痛苦。不久之後，她罹患焦慮症，再也不敢一個人出門，於是她找到了我。

當因為性別無法得到家人的關注時，她就開始轉向其他面向。她用自己的痛苦折磨家人，試圖贏得他們的關注。她總是哭鬧不休，還常常試圖自殺，並以此威脅家人。我想幫助女孩了解自己的處境，也想讓她明白在青春期時，她過度重視自己從前的思想——一直被別人忽視。

青少年的性心理健康

其實青春期帶來的身體變化並不被孩子們過度重視，反而是社會賦予他們的某種責任使他們擔心不已。

青春期的孩子們常常誇大或過度在意兩性關係，因為他們想以此證明自己已經不再幼稚，但結果往往事與願違。例如，一個女孩與母親發生了爭吵，她總是認為母親對她管束太多。此時，她就有可能隨便找一個男人與之發生性關係，以此表示對母親的反抗。母親會不會知道此事並不是她所考慮的，尤其是當母親發覺後並為之不安時，她才達到了真正的目的。所以，我經常看到一些女孩們和母親吵架後跑出家門發洩，並和她遇到的第一個男人發生性關係。這些孩子們平時表現乖巧，家教良好，我們幾乎不敢相信她們會有這樣的行為。然而，也不能將錯誤全部歸於女孩身上，這只不過是思想上的誤解。她們認為自己被家人忽視、低人一頭，她們認為只有這種行為才能體現自身的優勢。

男性傾慕

很多在家庭中被寵愛的女孩很難適應自己身為女人的角色，因為有一種思想占據了她們的腦海，認為女性總比不上男性強勢，所以這就致使女孩不想讓自己轉變為女人，我將這種思想稱為「男性傾慕」[1]（Masculine protest）。

女孩對於「男性傾慕」的表現形式非常多樣，有時她們會躲避或討厭男性；有時她們則喜歡和男性交往，但與男性在一起的時候又往往表現出自己的拘謹。她們不敢主動接近男性，也不想參加有男性出現的各種聚會，並且當聽到關於性的話題時，她們就會坐立難安。隨著年齡的增長，她們雖然嘴上也說自己想步入婚姻，但卻從來不接觸男性，也不和男性交往。

處在青春期的女孩子們，也許對女性角色的反感更加強烈。此時的她們常常去做一些類似男孩的行為，例如抽煙、喝酒、罵人、打架、廣交「朋友」、放縱自我等，她們總認為這樣才會引起男孩的興趣。

如果以上行為還無法表達她們對女性的反感，她們就會讓自己成為同性戀、賣身或進行不合常理的性行為。幾乎所有妓女都有「不悅」的童年（其實有的只是自己的想像並非事實），她們認為無人關心和重視自己，自己的先天條件就不如人，永遠無法得到男性疼愛。現在，我們對於她們為什麼看輕自己、為什麼自暴自棄、為什麼對自己的身體和性行為毫不負責，也就有所理解了。其實並非只有青春期才有這種對女性角色的反感，處於童年時期的孩子同樣如此，雖然她們沒有這麼做的必要和機會，但是這種思想早已經在她們的腦海中發芽了。

並非只有女孩才對男性有崇拜之情，那些認為男性過於高尚的男孩們也都高估了男性的強勢，並且常常產生這樣的疑問：「我長大後會不會成為陽剛的男人呢？」我們的文化也同樣為那些崇尚陽剛的男孩們帶來困惑，尤其是在他們尚無法把握自己是否可以成功地轉變為男性時。不少孩子在很久之後，還有些不明白自己的性別會不會轉變。所以，在孩子兩歲的時候，應該明確地告訴他自己是男孩還是女孩，這是極其重要的。

長相有些像女孩的男孩總會度過一段痛苦的時光，因為別人總是無法立即分辨他的具體性別。有時，家人或朋友也會說：「你原本應該是一個女孩子。」此時，這個孩子會認為這是自己先天的一種缺陷，甚至對日後的婚姻和生活造成影響。這種不確定的性別也許會讓男孩模仿女孩的行為，使自己看起來更像一個女性。他們會像戲劇中的表演者一樣，為自己塗脂抹粉、搔首弄姿、任性而為。

成長期

孩子在四、五歲的時候，就已經形成了對異性的基本看法。這種性的驅動力在數周大的時候就可以看出，但此時還未釋放，我們無須觸動這種驅動力；我們也無須感到驚訝，他們這時候的表現都是極其自然的。例如，孩子在一歲之前，他們也許會觀察或撫摸自己的身體，為此我們不用太擔心，但我們可以透過轉移孩子的注意力，讓他們不再關注自己的身體，轉而關注周圍的環境。

如果他們總是發生這種行為，那就要另想辦法了。這時，我們可以這樣判斷：孩子的這種舉動並不是性的驅使，而是他想利用這種方法達到自己的某種目的。例如，他觸摸自己的時候看到父母很擔憂，發現這種行為容易吸引父母的注意力，所以他就常常利用這種方法吸引父母的目光。但當他們發現這種行為並不為他人所關注時，他就不會再繼續了。

父母撫摸或親吻自己的孩子是表達愛和關心的一種方法，但是不要碰觸孩子的敏感部位以免引起不正常的反應。在撫摸孩子的身體時，應多加小心。此外，有些孩子，甚至成人，會提到在父親的書房中發現一些色情或露骨的圖片，從而引起某種情緒。所以，如果不想讓孩子產生我之前所提到的問題，就應避免讓他們看到這些色情圖片或影片，不要輕易引起他們的性欲。

我在之前還提到另一種刺激性欲望的不良示範，那就是常常為孩子講解不合時宜或超出他接受範圍的性知識。有些年輕人瘋狂地渴求性知識，害怕自己長大後因為缺乏這方面知識而陷入險境。那時，如果我們觀察周圍的人，就會發現這種險境幾乎是不可能發生的。當孩子真正想知道這些事情的時候，才是告訴他的最好時機。即使孩子不說出口，細心的父母也應該可以覺察孩子的好奇心。如果孩子和父母之間的關係緊密，那他們一定會主動向父母提出自己的疑惑，但父母的解釋必須是簡單易懂的。

此外，父母應盡量避免在孩子面前過度親密。如果可以的話，孩子和父母需要分床而睡，甚至分屋而睡。最好的辦法是，不應讓女孩和自己的哥哥弟弟共用一個臥室。父母應細心觀察孩子的生長發育，不能過於粗心。如果父母不了解孩子的性格，就永遠不會知道孩子受到什麼樣的影響。

在人的一生中，常常會經歷一些人生的轉捩點，這些轉捩點對我們的成長有著決定性的意義。例如，青春期，這是一個被人們公認的不尋常發育期，雖然這並沒有任何科學根據。其實，更年期也與此相似。然而，這些階段只是人生中很短暫的轉折，它不會讓我們有太大的變化，也並沒有什麼特別之處。更重要的是，人們想在這個階段獲得什麼，認為這個階段會有什麼樣的意義，以及面對這一階段的態度。

在孩子剛剛步入青春期時，常常會感到驚恐和害怕，他們的行為也會異常詭異。如果我們仔細觀察，就會發現其實青春期帶來的身體變化並不被孩子們過度重視，反而是社會賦予他們的某種責任使他們擔心不已。例如，有些人認為青春期是一切生活的終止，之後，他們就不再有價值和尊嚴、不再有合作和奉獻、不再被人需要。所以，青春期問題正是這樣一種情感的延續。

如果一個孩子已經把自己視為社會中的一分子，並且知道為社會奉獻的意義，尤其是可以用平和的心態和異性結為朋友，那青春期只不過是他為自己日後成長、計畫未來所做的準備。相反的，如果他覺得自己低人一等，就會對環境產生錯誤認識，那在青春期面前必定變得不知所措。此時，在旁人的施壓之下，他也許會去完成某事；但如果讓他獨立完成，他就有些無所適從，結果註定失敗。這樣的人已經習慣被人指使，一旦自由便不知道何去何從。

註❶男性傾慕 Masculine protest

阿德勒認為由於文化的影響，不論是男性或和女性，有時都會過度強調「成為男性」的重要性。阿德勒認為女性的精神生活和男性是一樣的，他認為男性主導的文化是不自然的，是歷史發展的產物。阿德勒認為女性的自卑狀態，並非基於生理上的因素，而是基於不利的發展和社會學習的結果。

IV

第四章

犯罪及預防

Crime and Its Prevention

罪犯一般可分為兩種類型：
一種是知道社會中需要與人相互合作關心，
但自己卻從不去做，
這樣的人認為所有的人都是自己的敵人，
認為自己被社會孤立，
得不到任何人賞識；
另一種則是被慣壞的孩子。

犯罪者的心理

總要有人跨出第一步，別人合作不合作是他們的事，可是我希望你走出第一步，而不是顧慮別人會不會與你合作。

個體心理學可以讓我們把人區分為不同類型，並且還可以讓我們看出，雖然每個人的情況各異，但是並無明顯差距。例如，我們所看到的犯罪者、問題兒童、精神病患者、自殺者、酗酒者、性行為不正常的人都是失敗的範例，但他們其實都是同一種類型的人。他們無法合理地處置人生問題，而且在一些規定嚴格的方面，他們恰恰犯下同一種錯誤：他們不但不知道何為責任，更不知道為別人考慮。但是，雖然這樣，我們也不能說他們和別人有什麼不同。任何人都不可以說自己的責任感和合作精神是完美無缺的，因為罪犯和普通人的區別只在於，普通人所犯的錯誤沒有那麼嚴重而已。

為追求優越感而努力

若想了解罪犯，最重要的一點就是——我們都想克服困難。這一點罪犯和普通人沒有什麼區別，人們的一生都在為這個目標不斷努力，如果實現了這一目標，我們就會感覺自己強大無比並且超越他人。我們的這種想法是對安全感的一種追求，也有人說這是自我保全（Self-preservation）的方法。不管我們怎樣理解，總有一條線貫穿著人類發展的整個過程——人們一直在努力地由卑微走向高貴、由失敗走向勝利、由底層走向上層。這條線從一出生就開始，直到生命的終結。所以，我們如果發現罪犯也有這樣的目標和願望，那也沒有什麼值得驚訝的。

如果我們仔細分析犯罪者的行為方式和態度，就會發現他們一直試圖克服困難、擺脫困難，並向上攀爬。雖然他們也一樣在努力，但他們的努力方向卻與常人不同。如果我們明白，他們沒有走上正確的道路是因為他們不知道社會的要求和與人合作的重要性，我們也就理解他們為什麼會成為罪犯了。

環境、遺傳與轉變

因為很多人對這一點並不了解，所以我必須再次強調，有些人認為罪犯與常人不一樣。例如，有些醫師認為罪犯是智能不足者；有些人認為他們具有某種遺傳基因，罪犯天生就具有罪惡的基因，自然會走上犯罪的道路；還有人認為罪犯是由於環境影響所造成的，只要他們一朝犯罪，就終生不會改變。如今，我對這種觀點持堅決反對的態度。如果人們一再認為這種觀點是正確的，那我們就永遠不可能從根本上解決犯罪問題，我希望盡快解決這一問題。歷史證明，犯罪永遠只是一場悲劇，所以我們急需在這方面有所成就，不能推說一句「這是由遺傳基因決定的，我們也很無奈」，更不能將這一棘手問題擱置一旁。

其實，不論是環境或是遺傳的影響，都沒有強迫性因素。例如，同一個家庭或同一個環境中長大的孩子，日後常常是大不相同。有時，名聲顯赫的家族中也會出現敗家的人；有些環境惡劣甚至家人曾多次出入監獄的家庭，也可能出現品德優秀的孩子。而且，有的犯罪分子也會金盆洗手。為什麼有的人年輕時總是偷盜，但到了六十歲之後卻自動安定下來，成為一個謹守本分的人呢？這是犯罪心理學家無法解釋的。若如我們前面所述，一個人的犯罪傾向是由遺傳或環境影響所決定，那這種現象當然無法解釋。但是，在我看來，這種情況並沒有什麼奇怪的。也許是因為此人所處的環境改變了，讓他身上的壓力不再沉重，所以他的人生觀亦隨之改變，不再邪惡；也許在多次偷盜之後，他已經獲得了滿足感，所以將自己的目標轉向其他方面；還有可能是他已年老體衰、行動不便，不再適合從事犯罪活動。當他的身體不再靈活時，偷盜自然就是一種奢望了。

童年影響與人生態度

如果我們想幫助這些罪犯改正過錯，唯一有效的方法就是了解他的童年生活，觀察是否有什麼事情阻礙了他與別人合作。面對這個問題，在這一領域的個體心理學為我們點亮了一盞明燈，讓我們更加清晰地了解這一局限。孩子在五、六歲的時候，性格特徵已經逐漸完整，可以將很多事情連繫起來。在孩子的成長過程中，遺傳和環境因素有不可忽視的作用，我們總是不去關注孩子將什麼帶到這個世界上，或是他的成長過程中遇到了怎樣的事情，我們只關注他是如何利用這些經歷達到自己的人生目標。過去，我們對於遺傳中所獲得的能力和障礙不甚了解，所以現在我們很有必要了解這一點。我們需要考慮孩子所處的環境會為他帶來什麼影響，以及他會如何利用這些因素。

其實，從罪犯身上我們也可以看到合作精神，這種精神也許可以稍稍減輕他們的罪行，然而這種合作遠遠達不到正常人的程度。而產生這一問題的原因主要在於家長，尤其是母親。家長應該懂得如何培養孩子的合作精神，並使自己和他人擁有共同的興趣和愛好。他們需要親自實踐，讓孩子更關注人類及未來發展。也許母親並不想讓自己的孩子關注別人；也許父母婚姻不幸福，相處不和諧；也許父母處於離婚的邊緣，彼此之間無法信任。所以，母親想獨攬孩子，寵著、愛著、慣著，從不讓他學習自立。在這種情況下，這樣的孩子必定缺乏合作精神。

讓孩子對他人產生興趣、讓他們學著融入社會是非常重要的。如果一個孩子特別受母親寵愛，那他就會被家庭中的其他孩子排斥，漸漸的，也就無法順利與別人相處。再者，如果他錯誤理解人生態度，這種情況就有可能將他引上犯罪的道路。如果一個家庭中的第一個孩子表現卓越，那他之後的孩子就常常會產生錯誤的想法。也許還會產生這樣的情景：家庭中的老么特別討人喜歡，那他的哥哥姐姐就會覺得是他將父母的愛奪走。他們會感覺自己不被人關注，感到異常痛苦，哥哥姐姐就會陷入一種錯誤的觀念之中，於是開始尋找證據，以證實自己的想法。他們的表現越來越差，從而受到更多責罰，最後，他們就會認定自己的想法是對的，認為別人確實不關心自己。他們會覺得別人剝奪了自己的權利，於是開始犯罪。當他的行為被發現之後，又會受到懲罰，此時，他便更加堅信沒有人關心他，人人都與自己作對。

如果孩子聽到父母抱怨命運不公、世事艱難，也會對社會的興趣大減。如果孩子聽到父母數落親戚和鄰居的過失，或是總對別人流露出不滿或惡意，孩子也會因此受到影響。在這種環境中長大的孩子，如果對周圍的同伴產生偏見，就沒有什麼值得奇怪的了。當然，他們會與自己的父母作對，也就不難理解了。當孩子並沒有意識到什麼是社會責任時，就會以自我為中心。孩子的心中會認為：「為什麼我要為別人著想呢？」如果在這種意識的支配下，他無法解決自己的人生難題時，就會變得猶豫不決，轉而尋找可以讓自己輕鬆擺脫困境的方法。他們會認為克服困難實在太難了，所以即便傷害別人也無所謂。我們可以猜想，即使處於任何狀態之下，他都會毫無顧忌。

以下，我將舉一些例子說明犯罪的發展軌跡。在某一個家庭中，大兒子是最受寵愛的，而次子則是一個問題兒童，但是他身體健康，沒有什麼遺傳缺陷。弟弟一直想像哥哥一樣優秀，他的人生就像是不斷在比賽，一直試圖超越哥哥。他的人際互動能力很差，對母親非常依賴，總想從母親那裡得到什麼。但他在生活中不占優勢，哥哥的學習成績很好，但他卻是班級裡的後段班。

他有著強烈的控制欲，經常對傭人指指點點，指使他們做這做那，就像軍官調遣士兵一樣。有一個女僕十分疼愛他，一直到他二十歲時，還像對待上司一樣接受他的指派。當他接到別人交代的工作時，內心總是有種恐懼不安的感覺，所以最終什麼事都做不好。而當他遇到困難時，總是第一時間向母親求救，即使經常受到懲罰或責備。

有一天，他迅速地結婚了，而且在他哥哥之前，致使他日後的生活更加艱難。然而，他卻把這件事視為超越哥哥的一項「壯舉」。從中我們可以看出，他已經將自己置於一個很低的位置，竟然想透過這種事情取得勝利。其實，他根本沒有做好結婚的準備，所以婚後的生活一直處於爭吵之中。後來，他的母親實在沒有能力再給予他金錢上的支援，他就訂購了幾架鋼琴，但還沒有付錢就低價轉讓了。因此，他被送進了監獄。從這件事我們可以看出，他的犯罪是因為童年的影響。他一直在哥哥的陰影下成長，就像被大樹遮擋陽光的小樹苗。他的心裡總是存在一個想法——在風光無比的哥哥反襯下，自己總是受到太多侮辱和忽略。

此外，還有一個十二歲女孩的例子。她是一個志向遠大的女孩，深受父母的疼愛。但她卻十分嫉妒自己的妹妹，處處表露對妹妹的敵意，不管是在家裡還是在學校。她總是時時關注著妹妹是不是得到了父母的偏愛，是否得到更多糖果和零用錢。有一天，她偷了同學的錢，結果受到懲罰。我很慶幸自己有機會向她解釋事情發生的原因，讓她不再有嫉妒妹妹的心理。並且，我也將這一事實告訴了她的父母，讓他們不再使姐妹兩人對立，也不再讓她有父母偏愛妹妹的想法。這已經是二十年前的事情了，如今這個女孩已經成人，為人和善，並且也已結婚生子。從那以後，她再也沒有犯過大錯。

Adler

罪犯性格的構成

我曾經論述過關於孩子成長過程中的危險情況，這裡我想再重複一次。因為唯有認清他們犯罪的原因，才能幫助他們走上正確的道路，所以一定要再次重申這一問題。容易犯罪的兒童一共有三類：一是身體殘疾的人，二是過度受寵的人，三是被忽視冷落的人。

我想從那些我親眼所見或從報紙書刊上得知對於罪犯的描述，找出犯罪者的人格結構。我發現，我們可以從個體心理學的角度對此深入研究。我想再舉幾個例子進行說明。

❶康拉德（Conrad K.）和一個男人合夥謀殺了自己的父親。他的父親生前很輕視他，對全家人都很粗魯。有一次，男孩反抗父親，並將他告上法庭。法官說：「你的父親太麻煩了，我們對他實在是沒有辦法。」

你可以想像，法官是如何對男孩解釋他父親的行為，並且說服他這種行為是可以理解的。家人們也想緩和他們之間的關係，但卻無法做到，大家都無可奈何。後來，他的父親竟然將一個輕浮的女人帶回家，並將他趕出家門。之後，男孩和一個臨時工混在一起，那個人很同情男孩，說服男孩殺死自己的父親。一開始，男孩因為對母親的顧忌而沒有採取行動，但情況卻越來越糟。在長時間的考慮之後，男孩終於決定在臨時工的幫助下殺死自己的父親。

從上述案例中我們可以看到，男孩很尊敬自己的母親且深愛她，但卻無法將合作的社交行為擴展至父親，所以需要尋找某些理由推卸自己的那一部分責任。因此，唯有在臨時工的幫助，再加上自己對父親的痛恨之下，他才敢向父親下手。

❷瑪格麗特・史文奇格（Margaret Zwanziger），她被某些人稱為「投毒

女」。她從小就被父母拋棄，由於發育不良，身材十分矮小。從心理學的角度來說，這些因素會致使她變得愛慕虛榮，時時希望得到別人的關注，所以總會表現出一副討好他人的樣子。

但在經過多次努力後，她仍然沒有引起他人的關注，所以開始對此不抱任何希望。她曾三次試圖投毒殺死幾個女人，目的是占據她們的丈夫。她認為那些人是自己的東西，被他人搶走了。除了殺人，她想不到任何方法奪回「自己的東西」。為了控制這些男人，她還假裝自己懷孕，並且大喊著要自殺。從她寫的自傳中（很多罪犯都喜歡寫自傳），我們已經證實了這一觀點，但是她卻不太了解自己所說的話。她說：「每當我做壞事的時候，我就會想，既然沒有人覺得對不起我，那我又有什麼理由對得起別人呢？」

從這些話中，我們可以看出她是如何走上犯罪道路並且不可自拔的。在犯罪過程中，她不斷為自己找各種藉口。我告訴她應學習與人合作、主動關心家人的時候，她就會說：「可是沒有人關心我呀！」

我常常告訴她：「總要有人跨出第一步，別人合作不合作是他們的事，可是我希望你走出第一步，而不是顧慮別人會不會與你合作。」

❸ＮＬ是家中的長子，因為殘疾而變成了瘸子，且缺乏教養。他以長兄的身分，管束著自己的弟弟們。從他的家庭背景我們可以看出，他在家中的優越地位或許會成為他得以積極生活的因素；但是，他也有可能成為一個驕橫暴躁的人。最後，他竟然將自己的母親趕出家門，且罵道：「快滾！你這個老太婆。」

這件事讓我們感到悲哀，他連對自己的父母都沒有任何感情。如果我們清楚他的童年生活，就會明白他是如何走上犯罪一途。他曾待業許久，長時間沒有收入，甚至罹患性病。某天，他出去找工作，但卻未能如願。在回家的路上，他殺死了自己的弟弟，目的僅僅是搶走弟弟那份微薄的工資。由此我們可以看出，他根本沒有任何合作精神。在他的處境之下——貧困、失業、性病，他覺得自己已經走投無路了。

❹有一個孩子很小便成了孤兒，後來被人收養。但是，養母對他特別溺愛。結果，在這樣的情況下他變得毫無教養。他總是時時與人競爭，處處企圖高人一頭，並得到他人的關注。而他的養母也一直縱容著他，且漫無邊際地誇獎他的所有行為，後來他成了一個到處欺詐錢財的騙子。他的養父母家庭還算富裕，所以總是一副不可一世的樣子，結果他將自己的錢財揮霍一空，最後被趕出家門。

正是因為不良的教育和驕縱的性格讓他開始走上歧途。他認為，欺詐就是他一生的工作。由於養母對他的愛甚於對自己親生兒女的愛，所以他認為自己做什麼事都是對的，以至於將自己擺在最低下的位置，認為自己無法靠正常的手段謀生。

在此，我想再次聲明，「所有罪犯都患有精神疾病」的這一想法並不正確。當然，有一些精神疾病患者也會犯罪，但這與我們平時所說的犯罪是兩種定義。我們不能讓精神病患承擔任何犯罪後果，因為他們不受意識支配，而且我們完全無法理解他們的行為方式。

我們同樣不應將智能不足者視為罪犯，因為他們只是被別人當作使用的工具。他們思維簡單，所以常常被利用。利用他們的人會為那些智能不足者鋪展一個美好的未來，激起他們的欲望，自己則躲在背後，讓別人代替他們行動、承受風險和責任。其實，少不更事的人同樣會在別人的慫恿下犯罪。經驗豐富的老手總是在背後指點，讓那些孩子代替自己行事。

事實上，罪犯同樣膽小，他們也會躲避那些自己無力解決的問題。我們可以從他們的作案方式和人生態度中發覺那些膽小的特性，例如，他們常常躲在暗處突然襲擊受害者，並且總是在受到攻擊之前就開始反擊。千萬不要相信罪犯誇耀自己多麼勇敢的大話，因為他們的犯罪行為看似強大，其實只是一種軟弱的表現。他們所追求的只是自己想像出來的自我超越，他們想成為自己腦中想像的偉大人物。其實那不過是錯誤的人生觀，亦是對人生的一種誤解。我們認為他們無比軟弱，但是如果我們的想法被他們得知，將會對他們造成巨大的打擊。當他們想著那些聰明的警察必須圍著他們團團轉的時候，心中就會產生一種滿足感，他們會認為「警察是抓不到我的」。

事實的確如此，當我們審問罪犯所犯下的罪行時，總會得知一些自己毫無所知的案件，這是我們所遺憾的事。當他們知道後就會認為：「我是因為太過疏忽大意才被抓的，下次如果多加小心就可以溜之大吉了。」如果他們真的避開警察追捕，就會認為自己優於他人，就會覺得自己的目標得以實現，同樣也會得到別人的讚許和表揚。我們必須拋棄那種認為犯罪之人勇敢無畏的想法，但我們又該從哪裡開始行動呢？其實在家庭、在學校、在社會中都可以，在後面我會講到最佳的解決辦法。

犯罪的類型

罪犯作案的類型各式各樣，但都是因為缺乏良好的教育和合作精神，才致使自己脫離了社會。

罪犯一般可分為兩種類型：一種是他們知道社會中需要與人合作、相互關心，可是自己卻從不這麼做。這樣的人認為所有人都是敵人，認為自己被社會孤立，得不到任何人賞識；另一種是被寵壞的孩子。在我所接觸的罪犯中，總會聽到這樣的自白：「因為母親對我太過溺愛，所以我才會走上犯罪的道路。」這一點我之後會再詳細論述。我提到這個問題是想告訴你們：罪犯作案的類型各式各樣，但都是因為缺乏良好的教育和合作精神，才致使自己脫離了社會。

每一個父母都想讓自己的孩子成為社會上

的棟樑，但是往往不知道方法。如果他們過於嚴厲、冷漠，肯定無法順利。如果全權讓孩子做主、時時順著他們，這無疑表明他們是最重要的，誰的地位都無法與之相比。但是，沒有足夠的毅力也會讓孩子們處處想吸引別人的注意力，總希望自己成為別人的焦點。一旦他的願望無法實現時，他們必定變得嘮叨不止、怨天尤人。

以下我將舉幾個例子，以證明我所說的觀點。當然，我將這些案例記下來的目的並不在於此。首先，我想講述一個關於格魯克夫婦（Gluecks）在《五百個犯罪生涯》[1]（500 Criminal Careers）中提到的案例。這是一個男孩對自己犯罪生涯的回憶，他的名字是「辣手約翰」。

「我從沒有想過自己會變得如此不服管束。在十五、六歲之前，我還是一個正常的孩子，沒有任何異樣。我喜歡體育運動，經常進出圖書館，我每天都為自己合理地安排時間，什麼事都井然有序。但是後來，我在父母的強迫下離開了學校，提前進入職場。但除了每周我留給自己的五十美分（一百美分等於一美元）零用錢，其餘的都被父母拿走了。」

他的回憶是在控訴自己的父母。如果我們了解他的家庭情況，也就知道他的犯罪原因了，並且可以切身體會他的感受。如今，我們可以這樣論斷——他與自己的父母關係不和。

「在我工作一年之後，我交了一位女朋友，她是個喜歡享受的女孩。」

其實很多人都因為這個原因而走上犯罪的道路，他們結交了一個喜愛花錢的女友。這個男孩每周只有五十美分的零用錢，但女友卻這麼愛享受。這個問題令人頭疼，同樣也是對他們合作精神的考驗。其實，我認為錢並不是維持愛情的唯一要素，而且世界上的女孩多得是，事實上他是找錯人了。如果再有相似的情況發生，我會直接了當地指出：「每個人的價值觀是不同的，這個女孩並不適合你，因為她想要的只是享受。」

在這個時代，即使生活在小鎮之中，每周五十美分的花費也遠遠達不到這個女孩的標準，而他也無法從父母那裡得到更多錢。這個男孩的心中產生了怒火，並且異常痛苦。他不知道該如何得到更多的錢。如果按照一般的思維方式，我們會說：「找一個別的工作，多賺一些錢吧！」然而他卻不這麼想，因為他交女朋友就是為了享樂，他可不想為了這個女友讓自己吃更多苦。

「有一天，我在路上遇到一個陌生人，我們很快就熟悉起來。」

與陌生人的交往無疑是對他的一次考驗。有著正常合作精神的人是不會誤入歧途的，但是他卻已經有了邪念，就更加容易被有心人帶壞。

「這個陌生人是一個偷竊者，他膽子大、很聰明、有能力，且對偷竊方面的事很了解。如果和他一起行動，從不會空手而回。他曾在鎮上犯下上千起案件，卻從沒有被抓到。所以，我就跟著他開始犯案。」

據說他的父母有自己的房子。父親在一個工廠裡工作，勉強維持著家裡的生活。他們一共有三個孩子，除了他之外，沒有任何人犯過罪。現在，我抱持極大的好奇心，想聽聽那些堅信遺傳對犯罪有影響的專家們的說法。這個男孩說自己在十五歲時就已經有了性生活，但我可以確定，這個男孩並不好色，因為除了滿足自己的欲望之外，他對任何人都沒有興趣。人們或許都會沉迷於聲色之中，但是他卻只是想透過這種方法讓自己成為別人膜拜的偶像。

在他十六歲時，曾因為搶劫而被捕。在我們對他的問訊中，證實了之前的說法。他為了讓旁人崇拜自己，為了吸引女孩子的芳心，不惜在她們身上花費重金。他戴著一頂警用帽，將紅色的手帕放在胸前的口袋中，腰間還挎著一把手槍，看上去就像一個西部牛仔。他的內心異常空虛，想成為別人心目中的英雄，但又不知道該如何去做。對於警察所指出的罪行他都一一承認，並且還說「並不止這些」。

「我覺得我沒有繼續生存下去的意義了，我對任何事都不感興趣，甚至對全人類都是蔑視的。」

這些看似清晰的想法其實很模糊，他根本不知道自己生存的意義為何。在他心裡，生活就是一種壓力，但是他卻不明白自己這樣理解人生的原因。

「我所得到的知識就是不要信任任何人。他們說盜賊之間沒有欺騙存在，其實並非如此。我曾經非常真誠地對待一位同伴，但他卻反過來欺騙我，甚至在背後捅了我一刀。」

「如果有足夠的錢，我就會安安分分地生活。我是說，如果我的錢足夠我的生活開銷，我就會去做我想做的任何事，根本無需工作。我不想工作，並且對工作感到厭煩，我永遠都不想再工作了。」

對於這些話，我們可以這樣解釋：「精神上的壓抑成了我犯罪的根本原因，我不得不壓制著自己的欲望，所以才走上了犯罪的道路。」我們應該對這一點詳加分析。

「我每次作案都不是為了犯罪，而是當我將車開到有『目標』的地方時，就無法控制自己，所以我就會盡快下手，然後快速逃離。」

他認為自己就是一個英雄，根本不承認犯罪是軟弱的表現。

「有一次，我身上帶著一萬四千元的珠寶，想將這些珠寶換成錢，然後去見一個女人。為此我被警察抓住，後來感覺那時的我真傻。」他在女人身上花費大把的金錢，就是為了贏得她們的好感。因為在他的心中，征服女人是一件很值得驕傲的事。

「監獄裡開設了各式各樣的課程，只要我可以去聽的我都會去，但是我並不是希望改過自新，而是想讓自己擁有更多犯罪知識。」

這表示他對人類有著極度的仇恨情緒，不僅如此，他根本不想在世上生存。他說：「如果以後我有了自己的兒子，我會殺死他。因為將他帶到這個世界上，本身就是一種犯罪。」

那麼，我們應該如何讓這樣的人真正改過自新呢？除了讓他與人建立起合作精神之外，別無他法，我們要讓他知道自己思想錯位的原因。唯有讓他了解，是因為童年的經歷導致他對人生的誤解，才有可能幫他走上正途。在這個案例中，有些細節我並不了解，也沒有留下紀錄，所以我只能靠自己加以猜測。例如，他是家裡的長子，就像其他長子一樣，一開始是家庭的主導者，但隨著其他孩子的出生，他的風頭被別人奪走了。如果我的猜測是對的，我們就會發現，即使是這樣微不足道的小事，也會阻礙他與旁人的合作。

他說：「我在矯正學校[2]裡受盡虐待，離開時，心中充滿了對社會的強烈仇恨。」在此我想說明一下，許多心理學家認為，監獄中的所有暴行都是對罪犯的一種挑戰和磨練。但是，如果不斷地告誡罪犯重新做人，同樣也是一種挑戰。他們想成為英雄，所以會對這種挑戰感到欣喜。他們認為自己依然繼續與社會對抗，於是更下定決心抗戰到底。如果一個人開始和全世界對抗，那麼這個世上還有什麼比這更刺激的呢？

面對問題兒童的教育亦是如此，不斷磨練和挑戰他們同樣是最錯誤的管教方式。因為孩子們的心中就會產生這樣的想法：「我一定要讓你們看看到底誰更厲害，看誰支撐的時間最長！」他們和罪犯一樣，同樣想讓自己成為「英雄」。他們清楚，只要自己足夠聰明，就可以逃離法律的制裁。在監獄或矯正學校中，如果管教人員不斷讓罪犯迎接挑戰，那就是極為錯誤的做法。

讓我們再來看看一個已被處以絞刑的謀殺犯的例子。他殺死了兩個人，並且在犯罪之前，將自己的目的明明白白地寫了下來。這些日記為我們提供了線索——他的犯罪過程和動機。任何犯罪分子在作案前都有一定的計畫，而且，他們的作案緣由中一定有著某些合理的成分。當犯罪分子在錄製口供時，沒有一個人不為自己的罪行辯解，他們對罪行本身也會解釋得清清楚楚。

在此，我們看到了社會責任感的重要性，即使是罪犯，也無法逃離這一事實。但是，他們卻極力想逃離這種責任感，讓自己不再受此束縛。在杜斯妥也夫斯基[3]（Dostoievsky）的《罪與罰》[4]一書中曾這樣描述：拉斯柯尼科夫已經在床上思索了足足兩個月的時間，考慮自己是不是應該去犯罪。他不斷地問自己：「我是拿破崙？還是膽小鬼？」罪犯常常用這種方法欺騙自己，從而達到犯罪的目的。其實，罪犯也明白什麼樣的人生沒有意義、什麼樣的人生有意義。但是，因為他們心中的軟弱和膽怯，所以沒有勇氣去接受有意義的人生。正是因為他們知道自己沒有奉獻社會的能力，所以變得膽小怕事，以至於不敢嘗試有意義的人生。因為要達成這一目標必須與人合作，而他們偏偏缺乏這種基本的合作精神。當罪犯試圖減輕自己身上的壓力時，就會為自己找尋藉口。

以下筆記摘錄自上述那位謀殺犯的日記。

「人們都嫌棄我、輕視我，甚至連家人都不接納我，我幾乎痛不欲生。我現在什麼都不管了，我實在無法忍受了。我可以受他人的鄙視和冷漠，可是吃飯問題呢？肚子總是不聽我的指揮。」

這就是他為自己尋找的理由。

「有人說我會死在絞刑架上，但是餓死和絞死又有什麼不同呢？」

其實預言和挑戰有著相同的作用。還有這樣一個案例，一位母親告訴她的孩子：「我知道你早晚會將我勒死。」果然，在孩子十七歲的時候，他親手將自己的母親勒死了。

這位謀殺犯的日記中還這樣寫道：「既然我無論如何都免不了一死，那麼我還需要顧及什麼後果呢？連我喜歡的女孩都不理我了，現在我什麼都沒有了，別人也對我無計可施。」

他很想得到喜歡女孩的欣賞，但是他連件像樣的衣服都沒有，更別提金錢了。他認為女孩就是一筆財富，一旦有了她，戀愛、婚姻的問題都迎刃而解。

「事情已經到了這一步，結局不是我被別人拯救，就是獨自滅亡。」

我想再次解釋一下，這樣的人喜歡採取強烈的極端主義或與人為敵。他們就像一個孩子，不然就將所有的東西都給我，否則我就什麼都不要。他們總是在兩個極端之間選擇其一：挨餓還是絞死、解救還是滅亡。

「所有的事都準備好了，就等這周四來臨。我已經選好了謀殺物件，現在只要等待機會。一旦機會到來，我就可以做出驚天動地的大事，這種事可不是一般人可以做到的。」

他認為自己是不可一世的大英雄，「這是很恐怖的事，並非人人可為」。

他手持一把小刀子，襲擊了一個男人，那個人當場死亡。這的確並非人人可為的事。

「就像趕著羊群的牧羊人，饑餓難耐也會驅使人們去做最黑暗的罪行。也許我再也無法看到明天的太陽，但我已經顧不得這些了。目前最需要解決的就是饑餓，我已經無路可退。當我坐上了審判席的那一天，我的痛苦也就結束了。人人都要為自己所做的事付出代價，但這總好於餓死。如果餓死了，我不會得到任何人的關注。但我在行刑的時候，將會引來眾多人的圍觀，他們也許會對我的處境表示同情，也許有人會認為我是一名敢做敢當的英雄。沒有人曾像我今夜這麼徬徨、這麼害怕過。」

我們都知道，他其實不是自己心中的英雄。在接受審問的時候，他說：「雖然我沒有刺穿他的心臟，但是他死了。我知道我要被處以絞刑，但遺憾的是，他穿著如此高貴的衣服，我卻一輩子都穿不起。」如今，他的作案動機已不再是因為饑餓，反而成了那人的衣服。他辯解：「我當時不知道自己在做些什麼。」這樣的辯解我們常有耳聞。有時，罪犯為了推卸責任，常常先喝醉了再去犯案。

在以上案例我們可以看到，罪犯們要耗費多大的努力，才能突破社會責任的厚牆。在每一件犯罪生涯的描述中，我相信都能指出以上我所提到的特點。

註❶五百個犯罪生涯 500 Criminal Careers

格魯克夫婦研究比較五百名少年受刑人和五百名普通少年，發現早期影響的重要性。例如，破碎家庭、家庭管教功能不彰、鬥士體型者較容易犯罪。

註❷矯正學校

又稱為少年矯正學校，為使觸犯法律的未成年得以繼續升學、接受正規教育所設立的特殊學校。

該類學校的另一個設立目的在於，經由學校矯正不良習性，促其改過自新，適應社會生活。

註❸杜斯妥也夫斯基 Dostoievsky

費奧多爾・米哈伊洛維奇・杜斯妥也夫斯基，俄國作家。在二十歲左右開始寫作，第一本長篇小說《窮人》在西元一八四六年出版，當時他二十五歲。杜斯妥也夫斯基的重要作品有《罪與罰》、《白痴》以及《卡拉馬助夫兄弟》，他的作品經常描繪那些生活在社會底層，卻有著不同於常人想法的角色。杜斯妥也夫斯基記錄了十九世紀暗潮洶湧的俄國社會中小人物的心理，其文學風格對二十世紀的世界文壇產生了深遠影響。

註❹罪與罰

俄國文學家杜斯妥也夫斯基的長篇小說作品，出版於西元一八六六年，是在他窮困潦倒時倉促完成的。與《戰爭與和平》並列，被認為是最具影響力的俄國小說。杜斯妥也夫斯基的創作特點是古典式的大段獨白、對話，兼具意識流的完全展現心理意識的寫作風格，人物刻畫是小說的中心，情感是人物的原動力，從而成為全書的原動力。情節和景物安排被認為不重要，甚至不合理。一切圍繞著人物，並圍繞著情感的激烈變化而展開。

合作的重要性

如果抹滅那些僅存的合作精神，那他們自然會想到犯罪。

現在讓我們再回到前面所講的問題，其實，罪犯和普通人一樣，都想取得某種成功，為自己爭取一個有利的地位。但是，他們的目標卻與常人不同。罪犯的目的總是為了爭取自己的利益，他們所希望達到的目標對旁人沒有任何益處，他們更時時逃避與人合作，然而社會卻需要所有人共同合作、幫助、奮鬥、支持。在罪犯的人生目標中，最突出的特點就是對社會沒有任何益處，他們形成這種思想的原因我在後面會詳細論述。現在我想說的是，若想真正了解一個罪犯，就要觀察其在合作中的失敗程度和性質。

罪犯們的合作能力也是不盡相同的，有的能力較強，有的能力較弱。例如，有人僅限於小偷小摸，有人則非大案不做；有人是主謀，有人則只是共犯。為了更清楚地了解這些犯罪經歷，我們必須了解他們對人生的態度。

性格、生活方式和三大課題

如前所述，一個人的人生態度在四、五歲時就已基本形成，所以，人生態度並不是可以輕易改變的。人生態度對一個人性格的形成有著決定性作用，唯有當這個人認識到自己性格的錯誤，才會試圖去改變它。在此，我們就明白有些人犯下多次錯誤、受到多次挫折和侮辱、失去了生活的各種權利，卻依然不想改變、繼續犯同樣錯誤的原因。

其實，罪犯作案的主要原因並非經濟問題。當然，我們不可否認，生活艱辛困苦時，犯罪率會提升。據統計，犯罪的比例有時和糧食的價格成正相關。

但是，我們並不能說這是因為經濟形勢導致犯罪的增加。其實，這是在告訴我們，人們的行為也是受到各種限制的。人類的合作能力是有限的，所以他們無法充分與他人合作。如果抹滅那些僅存的合作精神，那他們自然會想到犯罪。從一些事例中可以發現，在環境良好的時候人們不會犯罪，可是一旦變換環境，他們就有可能走上犯罪的道路。這時，他們的人生態度和解決問題的辦法將成為決定是否犯罪的主要因素。

從個體心理學的經驗中，我們可以得出這樣的結論——罪犯不會關心他人。他們雖然有著一定的合作精神，但是如果超出了他們接受的範圍，就會開始犯罪。如果有些困難是他們無法解決的，他們就不會再本本分分地生活。如果分析罪犯在人生中所面臨的問題和遇到的困難，就會發現與人交往好像是人生中最大的問題，其餘都處於附屬地位。若想要真正解決這一問題，就必須讓他們開始關心他人。

我在之前曾經講述人生中的三大問題。

第一類是人際關係的問題。當然，罪犯也有朋友，但都是同類。他們可以成幫結隊，相互之間也有真正的友誼，但是交往的範圍很狹窄，他們不可能和一般人成為朋友。他們將自己放在一個臨界點上，不知道該如何與普通人輕鬆愉快地接觸和交往。

第二類是與工作有關的職業問題。如果談到工作，很多罪犯都會說：「你根本想像不到我們那裡的工作環境！」當環境惡劣的時候，他們不會像一般人一樣克服或使自己適應。有意義的工作必定需要與人合作，但這卻正是犯罪分子所缺乏的。這種能力的欠缺往往很容易在職場顯露，所以多數罪犯都達不到一般工作所規定的要求。一般的罪犯總是欠缺知識、沒有技術。如果我們再向前去看看他們的童年生活，就會發現這種性格在學校或在兒時就已表露出跡象。雖然合作是人生必需的條件，但是他們卻並不具備，所以當工作中遇到難以解決的難題時，他們就會將責任一推了之。如果要求他們與人合作，那無疑是讓沒有任何歷史知識的人去參加歷史考試，結果就是漏洞百出，或是交出一張白卷。

第三類是關於愛情方面的問題。若想維持美滿幸福的婚姻，合作和關心是必不可少的。有一半的罪犯在監獄中都會染上性病，這一點值得我們關注。這也許會讓我們發現，他們一直都在尋找一種可以簡單解決性愛問題的方式。他們認為伴侶就是一筆財產，而且他們也認為性是可以交易的。他們覺得性是征服、占有他人的一種手段，根本不認為這是一種終生的陪伴。很多罪犯會說：「如果我得不到自己想要的東西，那活著還有什麼意義呢？」

「無論什麼事都不想與他人合作」，這並不是無關緊要的小事。我們時時都需要與人合作，且合作能力也會體現在我們的日常生活、言行舉止中。如果我的觀察沒錯的話，罪犯們的觀察力、聽力和訴說力都與常人不同，他們的語言表達方式也有所不同，而且他們的智力水準也會受到此方面的不良影響。在我們與人交談時，總想讓對方理解自己。其實理解同樣是一種社交能力，我們所說的話和聽到的話總是被聽者和訴說者理解為相同意思。然而罪犯則不然，他們的表達能力和溝通能力都與常人不同，從他們的犯罪行為和方式中我們可以看出這一點。他們並非愚笨，也並非智能不足。如果我們理解他們這種虛假的優越感，就會覺得他們的想法也是合乎情理的。

有的罪犯可能這樣說：「我看到一個人的穿著很講究，於是就想殺了他，因為我沒有那樣的衣服。」如果我們也承認他的欲望很重要，而且又沒有人要求他以正確的方式謀生時，他的結論便是明智的，但是這並不是被大眾所公認的想法。

在匈牙利曾出現過這樣一個案件，幾名婦女被判定共同投毒謀殺，其中一位婦女在進入監獄之後說：「我的兒子已經病得奄奄一息了，所以我只好毒死他。」如果她不想與人合作，我們又能怎麼做呢？她並不傻，但是她看待事物的角度與常人不同。所以，我們也就明白那些看到喜歡的東西就想占為己有的罪犯，他們的思維方式也與常人不同，他們必須把自己喜歡的東西從這個社會手中奪走，即使他對這個世界又冷漠、又痛恨。他們的腦海中有著一種錯誤的觀念，所以也就無法正確安排自己與他人在這個世界上的位置。

童年經驗對犯罪的影響

有時，我們會說：「犯罪是由父母造成的。」

在此，我想列舉幾種可能導致人生失敗的情況，以供大家參考。

Adler 家庭環境

有時，我們會說：「犯罪是由父母造成的。」也許在孩子的成長過程中，他的父母並沒有教授過他合作的知識，也許他的父母以為自己不會產生任何影響，因為他們自己也不知道該如何與人合作。在失敗的婚姻家庭中，我們經常可以輕易看出父母之間的合作並不充分。孩子在生命中最初接觸的人往往是母親，但有些母親可能並不想讓孩子將關注的目光轉移至他的父親、同學或其他人身上。

最初，他也許是家中唯一的孩子，是全家人的關注對象。但在幾年之後，因為第二個孩子的來到，讓他感覺自己的地位降低了，自己的人生不再幸福和順利了。所以，他開始排斥自己的父母或弟弟妹妹，這都是我們應該盡早察覺的。如果研究罪犯的早期生活，就會發現他的某些行為或想法在童年時期就已經顯現。環境並不能決定孩子的成長，造成決定性作用的往往是他們對自身地位的誤解，並且沒有人正確地引導他。

在一個家庭中，如果有一個孩子特別優秀，那麼一定會影響其他孩子的發展。因為家人就會將所有注意力都集中在優秀的孩子身上，而其他的孩子便會感到沮喪、失望甚至痛恨。他們不願和那個優秀的孩子合作，總想和他一爭高下，但是又沒有信心。我們常常看到這些孩子身上的優點就這樣被掩蓋了，再也無法發揮自己的優勢，這是孩子們的不幸，同樣令我們感到痛心。而這樣的孩子很有可能走上犯罪的道路，或成為精神疾病患者、自殺者。

在孩子剛剛入學之時，我們就可以仔細觀察他是否缺乏合作精神。缺乏合作精神的孩子不愛交朋友，也不喜歡老師，他們上課時無法集中注意力，亦不會好好聽講。如果此時仍不給予他相關的照顧，他們可能會遭遇更大的不幸。結果往往會變成，他們不僅得不到別人的幫助，若讓他和別人建立合作關係，還會遭受更多斥責和責罵，這就是他不喜歡課堂的原因。如果日後他仍然繼續遭受這樣的痛苦，那他排斥上學也就不足為奇了。曾經有這樣一個孩子，在十三歲的時候被分到了後段班，並且常常被老師指責愚笨，他的一生就這樣被毀了。他漸漸地失去關愛他人的想法，人生目標也越來越傾斜，轉向陰暗面，並且總是做出一些犯罪的行為。

貧窮

貧窮同樣會使人走上歧途。當那些在貧困家庭中長大的孩子步入社會後，很有可能產生偏見。他的家中總是缺衣少食，生活異常艱辛。為此，他在很小的時候就必須外出打工，以養家糊口。之後，當他看到了那些生活富裕之人的優渥生活，他們想要什麼就有什麼，就會產生不公平感，認為那些人不應該比自己享受更好的人生。由此我們就可以理解，為什麼在貧富差距越大的城市，犯罪率會越高。嫉妒一定不是好的現象，它會致使貧窮的孩子對自己的處境產生誤解，他們會認為富裕的生活都是透過不勞而獲得來的。

身體缺陷

我個人認為，身體上的缺陷也會讓人變得自卑。當我提出這一觀點時，無疑感到一絲羞愧，因為它在某一方面認同了神經學和精神病學中的遺傳論觀點。在我初次將自己的觀點記錄下來的時候，就感覺這是一個嚴重的問題。其實這種自卑的產生並不是因為身體上的殘缺，而是教育的不健全。如果我們正確地引導，身體殘缺的孩子一樣可以像普通人那樣關心他人。如果從來沒有人讓他感受過關心，那他們就會變得自私自利。

很多人都會內分泌失調，但卻沒有人可以指出內分泌腺的具體作用是什麼。但是不論它們如何變化，都對人的性格和品德沒有影響。所以，在我們將孩子培養成可以與人合作且成為社會棟樑的過程中，不應該考慮身體缺陷這一因素。

社會不利因素

其實，在那些犯罪分子之中，有很多人都是孤兒。這就要將責任歸於我們的社會了，因為它沒有為這些孩子灌輸合作的思想。那些私生子同樣如此，因為從小缺乏被愛護的經驗，所以他們也不會想主動愛護他人。被遺棄的孩子也是其中一類，在得不到他人關心的時候更是如此。罪犯之中面相醜陋的人也不在少數，這就為那些贊同遺傳觀點的人們提供了證據。但是，那些相貌醜陋的人會怎樣想呢？他們真的很不幸。也許他們是某個種族的混血兒，生來就有一張並不討人喜歡的臉龐，所以常常受人歧視。也許他們的一生都是痛苦的，即使童年時期也同樣不快樂。但是，如果我們可以正確地引導他們，他們也可以成為社會的優秀分子。

但是，很奇怪的是，在犯罪者之中，也有些人相貌極佳。如果說身體上的殘缺或相貌醜陋是遺傳了不良的基因（我承認，有些缺陷的確是遺傳所致），那這些儀表端正的人呢？事實上，他們都是被寵壞的孩子，同樣很難與人合作，且沒有任何責任感。

解決犯罪的方法

如果我們互相之間沒有合作、沒有感情、沒有奉獻，那人生就只是一片荒蕪之地，不會遺留下任何有用的東西。

犯罪問題的關鍵在於我們如何解決。如果前述的觀點是正確的，那些沒有責任感和合作精神的罪犯們總是在尋找著一種虛擬的優越感。如果真是如此，那我們該怎麼辦呢？

其實罪犯和經神官能症患者有著相似點，除非我們說服他們和我們合作，否則我們也無可奈何。因為如果他們懂得為人類貢獻自己的力量，懂得關心他人，懂得與他人合作面對生活中的難題，就不會出現這樣的結果了。但是，如果我們無法讓他們做到這樣，就只能宣告失敗。

如今，我們應該已經知道如何引導罪犯——那就是培養他們的合作精神。如果他們永遠在監獄中服刑，那幾乎沒有什麼效果。一旦被釋放，他們還是會繼續犯罪。其實，我們真正的目標並不是讓罪犯不再干擾社會，而是找出幫助他們的方法，並且讓他們為社會做出屬於自己的貢獻。

這個問題說來容易，但做起來卻很困難。我們既不能讓他們執行過於簡單的事情，又不能讓他們嘗試過於困難的事。我們不能直指他們的缺點和錯誤，也不能與他為某事爭吵。他們在多年的成長中已思維定型，世界觀也已固定。如果我們真的想改變他們的看法，就要去尋找他們形成這種思維的原因，我們必須知道他們犯罪的原因，以及是什麼樣的環境讓他們成長為現在這樣。在四、五歲的時候，人類的性格就已基本定型，他們的人生態度和對世界的認識同樣在這時形成。所以，唯有糾正這些早期形成的錯誤觀點，才可以讓他們形成正確的人生態度。

一旦他們形成錯誤的人生態度，就會用實踐證明自己的想法是否正確；當他們的經歷和思想產生衝突時，他們就會開始思索，並試圖讓自己的經歷和思想相一致。如果有人在思想中已經形成了這樣的觀點——他們在恥笑我、侮辱我，這些人就會尋找各種理由和事例證明自己觀點的正確，對於相反的事件則不聞不問。罪犯只會顧及自己的想法和感受，他們有自己的認知方法，並且對與他觀點相反的事漠不關心。所以，我們必須分析他們人生態度形成的原因，才能幫助他們順利脫離困境。

Adler 體罰無效性

其實，體罰罪犯是沒有任何作用的。這樣不但無法取得與他們的合作，反而會讓他們對這個社會更加痛恨。也許在上學的時候他們就有過這樣的經歷，他們開始變得越來越不合作，從而成績下降，甚至成為班級裡的小混混。所以，他討厭體罰。體罰對他的合作精神有任何幫助嗎？沒有，這樣只會讓他感覺更加失望，讓他以為所有人都與他為敵。試問，誰想待在一個充滿斥責和謾罵的地方呢？

如果孩子對自己不再有信心，那就會對學習、同學、老師產生排斥心理。他就會逃離學校，逃到沒有人認識他的地方生活。在那裡，他可能會遇見和自己有著相似經歷的孩子們。只有那些人不會責罵他，反而會理解他、同情他、肯定他，這樣就會讓他覺得自己還有「希望」。

因為對社會失去了興趣，所以痛恨社會上的所有人。在他的心中，只有和自己「同病相憐」的人才是朋友。那些人喜歡他，所以他也喜歡與他們在一起。就這樣，這些孩子就慢慢地步入了犯罪的道路。所以，如果在管教問題兒童的時候，我們仍採取體罰的措施，那他們就會認定我們是他們的敵人，只有那些罪犯才是他們真正的朋友。

我們不應該任由生活將他們擊倒，更不能讓他們對一切失去希望。如果在學校的時候，我們能給這些孩子多一點希望和鼓勵，那他們就很有可能不會步入歧途。對於這一點，之後我會詳細論述具體作法。現在我想舉例說明，為什麼在罪犯的心中，懲罰就是與他們為敵呢？

體罰沒有作用的原因還有，很多罪犯並不珍惜生命，他們往往在很多時候想到自殺。所以這時，不論體罰或是死刑，對他來說都是沒有任何意義的。在他們看來，很多事物都是挑戰，體罰亦是如此。他們想讓自己比警察強大，所以即使體罰他們，他們也不會感到絲毫疼痛，這也同樣是他們應對挑戰的一種方法。如果以強制的方式對待罪犯，他們就會勇敢地對抗。所以，這樣做只會讓他們形成和警察一決高下的思想。

這就是他們對待一切事情的思維模式。他們認為自己與社會間的衝突將連綿不斷，並且想在這種衝突中取得成功。然而如果我們同樣有這種思想的話，就正好順應了他們的意願。有時，坐電椅也是一種挑戰。罪犯會認為警察就是可怕的怪物，他們要勇敢地與之搏鬥，這樣的處罰越重，他們就越渴望獲得勝利。

很多罪犯都有這樣的想法，即使是那些即將被處以極刑的人們，在接近死亡的前幾個小時中，也常常會思考：「我該怎樣做才不會被他們抓住呢？如果當初我沒有把眼鏡掉在那裡就好了。」

培養合作精神

我曾說過，不要讓孩子失去自信，這樣就會讓他們認為自己不如別人，所以沒有與人合作的必要。在面對人生中的難題時，所有人都應該勇敢面對。

然而，罪犯選擇的處事方法往往是錯誤的，所以我們要告訴他們錯誤的理由和錯誤觀點形成的原因。並且，我們應鼓勵他們關心他人、與人合作。如果大家都明白犯罪是軟弱而非勇敢的表現，那麼罪犯便無法為自己的行為尋找充分的理由，以後也就不會再有孩子去犯罪了。在犯罪的案例中，不管所說的是否正確，我們都不能懷疑一點——童年時期對人生態度和合作精神的發展有很重要的影響。

在此我想說，合作能力並非天生具備，而是後天培養的。合作的潛力可能是天生擁有的，而且這種潛力人人都有，但是唯有經過後天的培養，我們才得以盡情發揮合作精神。其餘所有關於犯罪的觀點，對我來說都是沒有用處的，除非有人能證明一個具有很強合作精神的人仍然走上了犯罪的道路，然而至今，我從沒有見過或聽過這樣的事例。所以，培養合作精神可以預防犯罪的發生。如果不知道這一點，想要制止犯罪就只是空談。

教導合作和教導課本知識是一樣的，因為它們都是可以授之於人的真理。如果一個孩子在考試之前沒有做好準備，結果必定悽慘無比。同樣的，無論孩子還是成人，如果沒有培養合作精神，那他就無法充分發揮自己的合作潛能。唯有懂得合作的知識，才可以解決一切問題。

在經歷上千年的探索後，我們仍沒有找到正確的方法對付犯罪，人們用盡辦法之後仍然沒有得到滿意的答案。如今，透過研究我們已經發現，那是因為沒有人向那些罪犯說明他們錯誤的人生態度和形成的原因。如果不分析這一方面，那我們就永遠都無法解決犯罪問題。

如今，我們既有了知識又有了經驗，在指導犯人改過自新的過程中，個體心理學會為我們提供幫助。但是，不妨設想一下，以這種方法改造犯人將是多麼艱難。悲哀的是，在現實生活中，大多數人面對難以解決的困難時，往往都會收起自己的合作精神，這就是在世事艱難的時候犯罪率升高的原因。

所以，我想，如果我們真的想用這樣的方法防止犯罪發生，就應該對大部分人進行教育。但是，若想讓那些罪犯或已有犯罪意識的人了解「人人都可以成為社會的棟樑之才」，那是不太可能的。

Adler 具體可行的措施

此外，我們還需要做很多事情。如果我們無法一個個地指導那些犯人，那就去為那些被生存壓力壓迫的人們提供一些幫助吧！例如，讓那些缺乏知識的人和失業的人得到一份工作，這樣可以讓那些人繼續保留最後一點合作精神。毋庸置疑，如果這樣做的話一定能使犯罪率減少。我不知道現實中能不能不再讓人們受到經濟的約束，但是社會應該朝這個方向努力。

我們還應該為孩子將來的就業做好準備。如此一來，在人生中遇到挫折時，他們也可以有所應對。在面對生活中的問題時，他們才會有所準備；在面對職業問題時，他們才可以更加輕鬆。

對於罪犯，我們同樣應該採取這樣的措施。其實我們已經在這些方面採取了一些辦法，但也許還需要加大力度。雖然對罪犯進行單獨改造並不現實，但是進行集體培訓亦是可行的辦法。例如，我們可以和他們一起展開一個話題進行討論，並向他們提出各種問題，然後透過他們的回答一一開導，糾正他們思想中的錯誤因素，使他們形成正確的人生觀。

我們應該告訴他們，沒有必要將自己拘泥於各種框架之中，應該放開自己的想法，直面生活中的困難。我想，這樣也會帶來不錯的成效。

同時，針對那些將一切事物都視為挑戰的貧困者或罪犯們，我們應該幫助他們擺脫這種思維。如果人們之間的貧富差距過大，窮人便會憤憤不平、心生嫉妒。所以，我們應盡量不要過於奢侈、炫耀。

在此我們已經明白，對於智能不足者和少年犯而言，懲罰是沒有任何作用的。他們始終採取一種對抗的姿態面對社會，所以思想就會變得消極，罪犯身上同樣有這種現象。我們可以看到全世界的普遍情形，警察、法律、法官都在和罪犯作對，這樣自然會引起他們的反抗心理。所以，威脅是沒有任何用處的，我們不妨試著不提及他們的姓名和罪行，或許會取得較好的效果。

其實，我們需要改正對待罪犯的態度了。但是，不論態度好與壞都無法使犯人徹底改變，唯有從根本入手才能解決問題。我們應該人性化地對待罪犯，而不是用死刑恐嚇他們。死刑只會讓社會氣氛變得更加僵硬，因為有些罪犯在臨死前還想著是因為自己的失誤才導致被捕。

如果破案率可以再提高一些，對於我們的研究也是有好處的。據我了解，落入法網的罪犯只有實際犯罪者的一半，致使其他犯罪分子更加變本加厲。犯案卻未被抓住，無疑是增加了他們的作案經驗。如今，我們在這一點上已經有了些許進展，且一直在向前發展。

還有一點也極為重要——罪犯不管在獄中還是獄外，都不應再受到侮辱。如果可以，我認為應該增加緩刑的監管人員，當然，這些監管人員必須對社會問題和合作問題有透徹的了解。

預防犯罪的方法

如果在未來的某一天，我的想法真的實現了，那麼效果必定會更好。但是，這樣仍不能大量減少罪犯的數量，還好，還有另一個可以隨時利用的、實用且有效的方法。如果我們讓孩子們的合作能力得到充分發揮，讓他們成為社會關注的焦點，也可以減少犯罪的發生，並且一定會產生不錯的效果。這時，犯罪者的誘惑和唆使對這些孩子早已失去作用，他們即使遇到了難以解決的問題，也仍然會保持著自己的合作與關愛精神，與我們相比，他們的處事能力和合作能力一定會更加成熟。

很多犯罪分子都是在年紀很輕的時候就走上了犯罪的道路。一般來說，十五歲至二十八歲的犯罪率是最高的。所以，我敢肯定地說，我們的努力很快就會收到成效。如果孩子受到了正規的教育，那也會影響他的整個家庭。對於父母來說，最欣慰的事就是培養一個志向遠大、樂觀向上、自立自強、全面發展的孩子。

如果所有孩子都可以得到正確的訓練，那麼合作精神將會遍布全球，人類也得以發展至一個全新的高度。我們不但要影響孩子，還要關注影響父母和家長的因素。

接下來，最後一個問題就是，該從哪裡入手最好呢？應該採取什麼方法培養孩子解決困難的能力呢？我們需要培訓他們的父母嗎？當然不，這樣並不可行。我們很難做到與父母面對面，而且那些真正需要培訓的父母更不會接受我們的意見。所以，我們只好另尋他路。那麼，將這些孩子集中起來，隨時監視他們的行動，不讓他們隨便外出呢？當然也不行。

其實，解決這一問題有一個很實際的方法——動用教師的力量。我們可以訓練老師，讓他們培養孩子的社交能力，並糾正他們在家中養成的錯誤觀念，從而使他們培養自己的興趣、關注他人。這也是最初學校成立的發展方向，正是因為家庭無法解決孩子人生中的所有問題，所以才有了學校。那麼，我們為什麼不利用學校讓孩子提高自己的社交能力和合作能力，讓大家為人類的幸福共同進步呢？

總之，在文明的現代社會中，我們所享用的一切都是那些為人類貢獻的祖先留給我們的。如果我們互相之間沒有合作、沒有感情、沒有奉獻，那人生就只是一片荒蕪之地，不會遺留下任何有用的東西。唯有甘於奉獻的人，才會有所成就，並為後人所銘記。

如果我們在這一基礎上教育孩子，那他們在長大後必定願意與人合作。即使遇到困難，他們也不會畏畏縮縮，而是勇敢面對，不損害他人利益，並且採取最佳的辦法解決問題。

V

第五章

職業課題

Occupation

有一些人常常以忙碌為藉口
讓自己遠離愛情和與人交往，
這也成為他們婚姻失敗後的托詞。
一個對工作幾近痴狂的男人總會這樣想：
「我沒有精力和時間用在自己的愛情上，
所以對於婚姻的不幸我不應負任何責任。」

平衡人生的三大難題

這三個問題是一個大問題的不同方面，而這個大問題則是人類必須在自己所處的環境中繁衍生息。

束縛人類的三種限制引發了人生的三大問題，這三個問題都無法單獨處理，在解決其中任何一個問題之前，都必須先解決其他兩個問題。第一種限制產生了職業問題。在這個地球上，人類依賴著土地、礦物、空氣、水等物質生存，所以解決地球帶給我們的問題就成了人類生命中的重要一課。但是一直到今天，我們都還無法有效地解決這一問題。在每一個時代，人類都會為這一問題找出當代的解答，但是無論如何，人類總是不斷地追求進步和更高的成就。

若想解決我們的職業問題，那就必須先處

理另一個問題——人際交往。限制人類的第二個因素就是，我們都是人類中的一員，若想生存就必須和他人產生連繫。如果世界上只有一個人存在，那他的人生態度和行為方式將與現在有很大不同。但是，我們必須聯想到其他人的利益，使自己適應他人、關愛他人。解決這一問題的最佳方法就是形成友誼、培養責任感並與他人合作。如果人際交往的問題解決了，那職業問題也就迎刃而解了。

由於人類知道了如何合作，於是產生分工的意識，這也是人類發展的一大前提。如果人們只想憑著一己之力在地球上謀生，從不想與人合作，也不吸取前人合作的經驗，那想維持生命將是一個艱困的難題。唯有我們懂得分工勞動，才能培養自身的各種技能，並學會組織各種不同的能力。如此，這些不同能力的組合便成為人類謀取利益的方式，既可保障人類的安全，也可為更多成員提供工作的機會。當然，我們並不能說這種合作的結果已經令人滿意，而且目前的分工亦沒有達到完美的境地。但是，若想解決職業問題，就必須以分工合作為前提，然後貢獻自己的力量，共同創造美好的未來。

其實，社會上的某些人並沒有將工作視為人生中的重要課題，而是對此不聞不問。他們不是閒賦在家，就是只做一些與大眾毫不相干的工作。但是，他們雖然不想參與社會的工作，卻總在乞求他人的幫助。他們總是以各種方式索取別人的工作成果，自己卻不付出分毫。那些被寵壞的孩子就是抱持這樣的人生態度，無論何時，一旦他們遇到困難，就會要求他人幫助，從不自己解決問題。正是這種被寵壞的孩子混淆了人類互相合作的關係，並且將自己的負擔壓在他人身上。

人類的第三種限制就是我們的性別問題。在延續人類的過程中，我們所占的地位與我們對異性的看法和以自身性別付諸實踐的程度有關。性別問題和其他兩個問題一樣，同樣無法單獨解決。若想解決我們的愛情和婚姻問題，就要先發展自身的職業，除此之外，與他人的友好相處也是必要的。正如我們所見到的，如今解決這一問題的最佳方法就是一夫一妻制。對待愛情和婚姻的人生態度，亦可以體現我們在日常生活中的合作精神。

這三個問題都是互相影響的，從來不會單獨存在。只要解決其中一個問題，一定有助於處理其他兩個問題。其實，我們可以這樣說，這三個問題是一個大問題的不同方面，而這個大問題則是人類必須在自己所處的環境中繁衍生息。

有時，某些職業可以成為人們避免與人交往或步入愛情的托詞。在如今這個現代化的社會中，有一些人常常以忙碌為藉口，讓自己遠離愛情和與人交往，這也成為他們婚姻失敗的藉口。一個對工作幾近痴狂的人總會這樣想：

「因為我沒有多餘的精力和時間耗費在自己的愛情上，所以對於婚姻的不幸，我不用負擔任何責任。」精神疾病患者也常常以此為藉口，逃脫自己的婚姻和人際關係。他們幾乎不與異性相處，對別人也從不感興趣，只知道埋頭於工作之中。不論白天或晚上，他們滿腦子都是工作、工作，他們讓自己陷入高度緊張的狀態。在這種緊張情緒之下，久而久之就會出現一些精神疾病的症狀，例如胃痙攣，而這些疾病隨後便成為他們避免社交和婚姻的另一藉口。而另一些人總是不斷地更換工作，他們總是沒有確切的定位，總認為還有更適合自己的工作，結果他們只能一事無成。

職業的早期培養

這就需要我們找到孩子立下此志的原因、努力的方向、立此志向的動力、具體的目標，以及他們為什麼認為自己有能力完成這項工作。

家庭和學校的影響

對孩子的職業興趣有著最初影響的人便是母親。孩子在四、五歲時對職業的認識，將對他日後的事業發展方向產生決定性作用。如果有人詢問我關於就業的問題，我都會問他們小時候的夢想，以及那時最感興趣的事情。那一段時間的記憶有很大的幫助，從中我們可以知道他的思想、他的理想和他的人生目標。

而學校則是培養孩子興趣的第二因素，如今的學校越來越重視學生職業方面的培訓，他們會讓學生在學校中鍛煉動手、動腦和觀察的能力，為日後的職業發展打下基礎，這種培訓和教授知識是同等重要的。但是，我們應該了解，孩子所學的科目對他們的影響同樣巨大。雖然有些社會人士總是說：「我已經將從前在學校中學習的拉丁文或法文忘掉了。」但我們並不能因此否認教授這些課程的必要性。根據過去的經驗，我們可以發現這些課程得以發展孩子們的興趣。如今，那些新式學校很注重技能的培訓和手工技能的鍛煉，這樣既可讓孩子親身實踐，又可以提高他們的自信心。

糾正潛在的錯誤

某一些人總認為任何工作都無法令他滿意，其實，他們要的並不是工作，而是一種安逸、一種享受的生活。他們認為自己的人生中不會出現什麼大問題，所以也從來不設想面對問題的方法。他們都是些被寵壞的孩子，生活中只祈求著別人的幫助。

還有一些孩子根本不想領導他人，而是想時時跟隨他人。一旦尋找到某個領導者後，就會甘願服從於他。這樣的習慣是沒有益處的，如果可以遏止這種人順從的性格，我會深感欣慰。但是，如果這種習慣沒有在童年時期改變，那他在日後的生活中，也定不能擔任領導者的角色，只能是一個處處受制於人的小員工，總是順從他人。

懶惰、邋遢和散漫的習慣同樣是在童年時期形成的。當我們看到孩子總是在逃避困難時，就要用科學的方法找出其原因，並幫助他們改正。如果我們生活在一個無須工作便可得到一切的星球，那懶惰一定會是一種好習慣，勤奮反而會成為多此一舉的行為。但是從我們生活在地球上的事實表明，我們不得不努力工作、加緊合作、奉獻自我，這才是最合乎常理的生活方式。

Adler 天才與早期的努力

從那些卓越的人身上，我們更能明顯地看出早期培養的好處。而且，若分析卓越人才，更可以讓我們深刻地了解這一問題。唯有那些為公共利益做出了巨大貢獻的人，才會被我們稱為天才或人才，沒有人會稱那些沒有任何作為的人是天才。任何事情的成功都是人類共同合作的結果，而那些卓越之人只是將眾人的文明水準推到一個更高的境界。

荷馬[1]在他的史詩中只提到了三種色彩，這三種顏色可以區分所有顏色。其實，那時的人們也早已注意到各種顏色的色彩差異，但是他們卻認為這種區別不值一提，所以並沒有賦予它們一個合適的名字。那麼，是誰對色彩進行了區分，並給予它們一個個代名詞呢？顯然，是那些畫家和藝術家們。作曲家提高我們的聽覺，讓我們懂得如何欣賞音樂。如今，我們不再像我們的祖先那樣只會發出沙啞的聲音，而是可以哼出動聽的樂曲，不得不說這些都是作曲家的功勞，是他們滋潤了我們的靈魂，訓練了我們的聽覺和發音。那是誰讓我們的感情變得豐富，言談變得文雅，思維變得敏捷呢？是詩人。他們讓我們的語言變得豐富，讓我們的表達更加生動，且使我們在任何場合都可以適當地運用語言。

不可置疑，卓越之人的合作精神是最強大的。雖然從他們的言談舉止和為人處事中，我們無法看出他們的合作精神，但是從其一生的成就來看，處處凸顯其合作精神。與他們合作並不簡單，因為他們所走的路途充滿了艱難坎坷。他們走向這條道路的過程，常常會使自己的身體殘缺。如果縱觀那些傑出的人物，我們就會發現他們幾乎都有著身體上的缺陷。然而，即使先天不足，他們仍然靠著自己的奮力拼搏克服種種困難。其中最為明顯的是，他們年紀輕輕就對周圍事物產生了興趣，並且從小刻苦勤奮、永不停歇。他們將自己鍛煉得機智敏捷，讓自己去接觸並了解世上的各種問題。透過了解他們的早期訓練，我們可以得出這樣的結論——他們的卓越是後天培養的，而非天生遺傳或祖先恩賜，他們透過自身的努力為後人留下了不可抹滅的貢獻。

培養人才

兒時的勤奮會為日後的成功奠定堅實的基礎。如果一個三、四歲的小女孩在獨處的時候，開始為自己的布娃娃縫製帽子，我們看到後誇獎她縫得很漂亮，並告訴她該如何讓帽子看起來更漂亮。在眾人的鼓勵下，她便得以慢慢提高自己的手藝。但是如果父母在看到她縫製帽子的時候，說：「趕快將針放下，否則很容易傷到你。你根本不用自己去做，你想要的話我就幫你買一頂更漂亮的。」然後她肯定會立即放下手中的針線。如果我們繼續觀察這兩個女孩的日後發展，我們就會知道，第一個女孩的手工藝會越來越好，並對工作很感興趣；而第二個女孩根本不知道自己可以做什麼，因為她認為只要是買的東西都會比她做的更好。

童年的志向

如果一個孩子在兒童時期就為自己的未來定下了準確的目標，那麼他的成長將會更加順利。當我們問孩子長大後想做什麼的時候，總會聽到許多遠大的志向。但是，他們在回答的時候一般都是沒有經過任何思考，例如，他們說自己想當飛行員或火車司機，卻不知道選擇這些職業的原因。這就需要我們找到孩子立下此志的原因、他們努力的方向、立此志向的動力、他們具體的目標，以及他們為什麼認為自己有能力完成這項工作。其實他們的回答只能說明，他們認為這種職業是最有成就感的，然而我們可以透過這一職業，從其他方面幫助他們尋求成就感。

孩子在十二歲至十四歲的時候，對於人生的目標會有更明確地認識。可是，如果此時他們還不知道自己的人生目標是什麼，我不得不說很遺憾。沒有明確的目標，並不是說他們對任何事都沒有興趣，他們也許是有志向的，只是不想讓別人知道。在這種情況下，我們一定要盡力了解他的主要興趣和他所接受過的訓練。有些孩子即使已經十六歲了、已經高中畢業了，也仍然不知道自己要從事什麼樣的職業。這些孩子在學校的成績往往很優秀，卻不知道人生的下一步該怎麼走。這些孩子並不缺乏抱負，而是缺少合作精神。在分工合作的社會中，他們並不知道該如何為自己定位，更不知道實現理想的方法。

所以，我們應該幫助孩子盡早定位自己的未來職業。在課堂上，我經常問孩子們這個問題，他們不得不細心考慮，也避免了他們敷衍了事或不知所措。除此之外，我也會問他們選擇這一職業的原因，他們也會實事求是地回答。

從他們對職業的選擇中，我可以觀察他們的人生態度。他們還會說出自己需要努力的方向和他們心中最有價值的東西，我們有必要讓孩子選擇心中最有價值的工作，因為任何工作都沒有高低貴賤之分。如果他可以在自己的工作崗位上努力奮鬥，為人類做出貢獻，那他就是社會上的棟樑。而他們的責任則是鍛煉自己、自立自強，在分工的基礎上實現自己的目標。

大多數人在成年之後的興趣仍然受到四、五歲時目標的影響，但是往往由於父母壓力和經濟所迫，不得不從事自己不喜歡的職業，這也是早期影響的一種表現。

Adler 早期記憶

在為一個人提供就業指導的時候，他最初的記憶也是我們需要考慮的問題。在一個人的最初記憶中，如果對與視覺相關的事物特別感興趣，那他就適合從事與視覺相關的職業。如果某人說他對人們的談話和風鈴的聲音很敏感，那說明他的聽覺很敏銳，也許與音樂相關的職業非常適合他。有些孩子或許會說起關於運動的印象，此類孩子往往比較好動，那麼關於體力或出外旅遊的職業便很適合他。

角色扮演

如果我們仔細觀察孩子們的行為，就會發現他們此時正在為日後所從事的職業奠定基礎。有很多孩子喜歡技術或機械，如果讓他們朝此方向發展，定會對日後的職業有所幫助。在孩子所玩的遊戲中，我們也可以看出他們的興趣所在。例如，長大後想當老師的孩子，常常會把一群孩子聚集在一起，模仿老師教學的樣子。

那些想成為媽媽的小女孩則常常拿著布娃娃玩耍，展現自己對嬰兒的興趣，我們應該支持她們的這種做法。也許有人認為，和布娃娃玩在一起會讓孩子脫離現實，其實，她們此時正在培養自己履行母親職責的興趣。在兒時培養這種想法是非常有必要的，因為一旦錯過了適合的年齡，就無法再提起她們的這種興趣了。

另外，我在這裡再次強調女性對人類生命的貢獻，母親的功勞不勝枚舉。如果一位母親十分關心自己的孩子，極力將孩子培養為社會的棟樑，並且幫助孩子尋找他們的興趣所在，讓他們懂得與人合作，那麼這位母親就是非常優秀的。在現在的社會中，人們往往認為母親的角色是無關緊要的，並且認為她們所做的事情是毫無意義的。母親所付出的一切常常無法得到回報，一個專職的家庭主婦在經濟上甚至必須依靠他人。但是，一個成功的家庭是需要父母雙方共同付出的，不論是作為家庭主婦或職業女性，她們和丈夫的重要性都是相同的。

註❶荷馬

相傳為古希臘的遊吟詩人，生於小亞細亞，創作了史詩《伊利亞特》和《奧德賽》，兩者統稱《荷馬史詩》。由這兩部史詩組成的荷馬史詩，語言簡練，情節生動，形象鮮明，結構嚴謹，是西方第一部重要的文學作品。荷馬史詩不但文學價值極高，也是古希臘西元前十一世紀到西元前九世紀唯一的文字史料，反映了邁錫尼文明，所以這一時期也被稱為「荷馬時代」或「英雄時代」。《伊利亞特》敘述希臘聯軍圍攻小亞細亞城市特洛伊的故事，以希臘聯軍統帥阿伽門農和猛將阿基里斯的爭吵為中心，描寫戰爭結束前五十天發生的事情。《奧德賽》則敘述伊塔卡王奧德修斯在攻陷特洛伊後，於歸國途中十年漂泊的故事，描寫這十年中最後一年零幾十天的事情。

影響擇業的因素

我們並不能肯定有著正確人生態度的人一定會成功，但是我卻相信，他們永遠精神煥發、生生不息。

如果孩子們在兒時曾目睹某人突然患病或死亡，他們就會對這些事情心有餘悸，因此想成為醫生或護士。此時，我們應該鼓勵他們朝著自己的理想前進，因為據我所知，那些對自己的職業很滿意的醫生，通常在兒時就已經對這一工作產生了濃厚的興趣。

有時，對死亡的懼怕也會讓他們以另一種方式加以彌補。例如，他們會透過藝術或文學創作使自己的「生命」得以延續，也可能成為宗教信徒。

在孩子心中，最普遍的一種優越感目標常

常是勝過家庭中的某個人，尤其是自己的父母。這樣的目標價值非凡，我們也常常看到這樣的事例。而且，如果孩子想讓自己的成就超越自己的父母，父母的經驗就可以為其提供一個良好的基礎。

如果父親是警察，孩子也許想成為法官或律師。如果父親是醫院的職員，孩子也許想成為醫生或者醫院的管理者。如果父親是老師，那孩子可能想成為一位大學教授。

如果一個家庭對金錢的重視程度超越其他，那孩子很有可能以賺錢的多寡衡量所從事職業的貴賤。這種錯誤極其嚴重，因為這樣的觀念無法使孩子形成為人類奉獻的價值觀。

如果孩子心中認為「錢」才是至高無上的，那麼他們就會拋棄與他人的合作，只謀求自己的利益。如果他把錢視為自己唯一的目標，那麼他會利用某些不法手段取得錢財，也就不足為奇了。如果他們沒有因此走上犯罪的道路，那證明他的心中還稍微留有一些責任感。但當他們變得富有時，對社會和他人也不會有多大的益處。

在如今這個複雜的社會中，許多人以不法手段走上「致富之路」。有時，一條犯罪的道路，從某些方面來說竟然成為了「成功之路」。我們並不能肯定有著正確人生態度的人一定會成功，但是我卻相信，他們永遠精神煥發、生生不息。

解決之道

我認爲每一個了解合作重要性的人，都應該努力消除失業現象，使每一個願意工作的人都有一份滿意的工作。

若想解決兒童未來的職業問題，我們首先要找到他們的興趣所在。唯有做好這一點，才能幫助且鼓勵他們。當年輕人不知道該如何選擇職業或中年人在職場不順時，我們也需要幫助他們找到自身的興趣，並真誠地為他們提出建議，給予他們正確的指導。這並不是一件容易的事。

如今，失業率逐年攀升。如果是在一個人人都致力於合作的時代，這種現象應該是不存在的。因此，我認為每一個了解合作重要性的人，都應該努力消除失業現象，使每一個願意工作的人都有一份滿意的工作。

針對這種情況，我們可以透過開辦培訓學校、技術學校和成人教育加以改革。很多人失去工作都是因為沒有一技之長，這些人從沒有對生活和社會產生過興趣。社會中有許多無所事事或對公共利益不屑一顧的人，只能說他們是社會的一種負擔。這些人認為自己沒有任何優勢，也幾乎沒有價值可言。

這就致使許多文化程度較低的人經常走向犯罪的道路，或成為精神疾病患者和自殺者。因為他們受教育的程度很低，所以他們總是居於人後。這就需要家長、教師和所有注重人類發展進步的人注意，應該讓自己的孩子受到良好教育，讓他們在日後可以為自己在社會上尋得一個適合的位置。

VI

第六章

個體與社會群體

Man and Fellow Man

一個被過度寵愛的孩子也許會問：
「為什麼要愛我的鄰居？我的鄰居愛我嗎？」
可以看到他缺乏合作精神和自私自利的想法。
那些對他人冷漠的人，
往往會遇到人生中最難解的問題，
也會嚴重傷害他人的利益。
這一類人最終往往都是失敗者。

增進合作關係

我們還不清楚什麼是真正的真理，因為有無數條道路可以讓人類達成合作的願望，然而哪一條是最適合的，我還不敢肯定。

與旁人建立共同的友誼，是我們人類最初的願望之一。正是因為有了朋友之間的相互關心，人類才得以順利發展。在一個家庭中，相互的關心愛護更是必不可少的。縱觀歷史，不論哪個時代，我們都會看到大家族相親相愛的情景。即使是原始社會亦是如此，他們同樣會用統一的標誌召集同族人，建立互助互愛的關係。

Adler 宗教活動

宗教信仰的雛形應該就是圖騰崇拜。有的部落會將蜥蜴視為圖騰，而有的部落則可能把公牛或蟒蛇當作圖騰。有共同圖騰崇拜的人會聯合在一起共同合作，他們也會將其中的成員都視為自己的同類。在原始部落中，這種方法可以讓人類之間保持共同合作。每逢原始宗教的祭祀日，有著共同圖騰崇拜的人就會聚在一起，討論今年的收穫，以及預防外敵和自然災害的方法。

當時的婚姻被認為是一件關係到整個部落利益的事情。每個男人都要按照部落的規則，在部落外尋找結婚對象。即使是在社會發達的今天，婚姻也不是個人的事，而是全人類共同參與的事情。婚後，雙方都要承擔自己的責任，這是社會賦予他們的義務。而且社會也希望他們孕育出健康的孩子，然後共同撫養。

所以，人類對婚姻的態度一貫都是支持的。雖然在現今的我們看來，原始社會中用圖騰、風俗和制度約束婚姻是十分荒謬的，但是我們並不能低估婚姻在當時的作用，其為人類之間的合作做出了巨大貢獻。

基督教中有一條很重要的法則，那就是「愛你的鄰居」。從這裡我們可以看出，人類為了同類之間的合作所做的努力。有趣的是，從科學的角度來說，這種觀點也是很有價值的。一個被過度寵愛的孩子也許會問：「為什麼我要愛我的鄰居？我的鄰居愛我嗎？」從中我們可以看到他缺乏合作的精神和自私自利的想法。那些對他人冷漠的人，往往會遇到人生中最難解的問題，也會無形中傷害到他人的利益，最終，這一類人往往都是失敗者。很多宗教或團體都有自己宣導合作的方法，我對那些將合作視為人生目標並為之努力的人表示深深的敬意。

如今，我們還不清楚什麼是真正的真理，因為有無數條道路可以讓人類達成合作的願望，然而哪一條是最適合的，我還不敢肯定。

Adler

政治運動和社會活動

我們都知道，世界上的政治制度各式各樣，但是無論哪種制度、無論由誰執政，若缺少了合作精神，都將不會有所作為。所有政治人物都會把促進人類發展視為最終目標，人類的進步從某一方面來說，便是讓人類具有更高層次的合作精神。我們總是無法得知到底哪個政黨會帶我們走向更高層次的合作，因為他們的人生態度不同，所用的方法也不盡相同。但是如果一個政黨可以讓黨內成員合作得更好，我們就可以認定它是好的。

對於社會上那些不同的活動，我們也可以這樣判斷。如果這些活動的參與者，目的是讓他們的孩子成長為國家的棟樑，讓他們有更強的責任感，並尊重自己國家的文化和傳統，且按照自己認為最理想的方式改變或修訂法律，那他們的努力就是有益的。階級運動[1]同樣是以促進人類發展為目的，同樣是團體的合作運動，我們不應片面地全部反對。

所以，我們判斷階級運動是否進步的標準就是，觀察其能否促進人類的發展和人類的合作。促進合作的方法各式各樣，有些方法也許並非正大光明，但是只要其目的是促進人類合作，我們就不應該因為方法不正確而加以排斥。

註❶階級運動

特指工人的階級運動。工人階級指勞動者，尤其指在都市工業社會中從事體力工作的勞動者。現代社會中，工人的工作性質漸趨複雜，其社會意識與政治意識亦漸滋長。由於自我覺醒意識迅速發展，為了就業的穩定性、提高工資，以及其他有關其自身利益等因素，遂因此聚集成眾，興起對社會的抗爭行動。

缺乏興趣與溝通障礙

我同樣想讓他們知道這一點，只要他可以在平等合作的基礎上與人交流，他就得以康復了。

Adler

利己主義

我堅決反對某些人自私自利的態度。無論對個人還是團體來說，這種人都會引起阻礙效應。唯有和周圍的人互助互愛，才能促使人類向前發展。那該如何與他人交流呢？首先就是要說話、讀書、寫字。語言是人類共同努力的成果，也是人們交流的產物。相互理解是人類彼此之間的事，而非個人之事。「理解」的內涵即是，透過與人分享的方式釐清其中的含義。

世界上總有某些人，一直以追求自身利益

為目標，只想讓自己順利發展。在他們的眼中，人類生存的意義就是為了謀求個人利益。但是，這種觀點卻不被大多數人所接受。所以，我們會發現，這樣的人根本無法與周圍的人溝通。當我們遇到這種只想到自己利益的人時，一定會在他們臉上尋找到鄙夷和迷茫的表情，就像在罪犯和精神疾病患者臉上發現的一樣。他們從不會用眼神與人交流，甚至對世界的感知能力也與常人不同。這樣的人往往對周遭的人嗤之以鼻，他們從不關注對方的表情和眼神，而是將目光移向他處。

精神疾病

在與精神疾病患者溝通的時候，我們就常常遇到此類問題。這種人很難與他人溝通交流，其主要原因是對他人沒有任何興趣。所以，他們常常會出現一些強迫症狀，例如臉紅、結巴、陽痿、早洩等等。

自閉症發展到最嚴重的程度就會成為精神疾病。對於精神疾病患者而言，如果在他人的幫助下能夠開始對別人產生興趣，那麼也並非無法治癒。只是這種病人和單一的自閉症患者相比，內心更加疏遠社會而已，可能只有選擇自殺的人能夠與之相比。所以，治癒這種病是難上加難的。我們首先要讓病人和我們合作，而要達成這一目標，就只能依靠我們的善良和仁慈之心，再加以耐心了。我曾治療一個患病八年的精神分裂症女孩，她在患病後第七年才被送進精神病院。那時的她已經接近瘋狂狀態，她學狗狂叫，到處吐口水，扯自己的衣服，還想將手帕吞進肚子，從她的狀態中可以知道她幾乎對任何人都沒有興趣。在她的心中，母親待她就像一條狗一樣，所以她只想當一條狗，其實這也很容易理解。她的行為似乎在說：「越接觸你們這些人，我就越想讓自己成為一條狗。」我不停和她聊天，一直聊了八天，可是她一個字都沒有說。直到一個月之後，她才說出了一些混亂不清、常人無法理解的話語。我對她的友好，給了她很大的動力。

這種病人即使因為別人的鼓勵而有了勇氣，他們也不知該何去何從，因為他們對周圍人的排斥感太強。從她的身上我們可以看到，她想面對生活卻不想合作所表現出的行為。她像一個問題兒童，想盡一切辦法製造麻煩，例如摔東西、襲擊醫生。在我和她聊天的時候，她就曾襲擊過我，我不得不去思索該如何應對。這個女孩的力氣並不大，我承受她的捶打，並繼續用友好的眼神望著她。我的表現顯然出乎她的意料，所以她就不再繼續，反抗的情緒也漸漸消失了。

我雖然喚醒了她的勇氣，但是她仍不知如何去做。她將我的玻璃打碎，然後用碎片將自己的手指割破。對於她的行為，我沒有絲毫的責備，反而幫她包紮受傷的手指。一般人遇到這種事情，常常會將患者們關起來，可是這並不是治療她的最佳辦法。對於治療和這個女孩類似的病人，我們應採用不同的方式。如果對待精神疾病患者和對待常人使用的方法相同，那你就犯下了一個很大的錯誤。因為精神疾病患者和正常人會做出的反應大不相同，所以常常將我們激怒。其實，對待他們最好的辦法就是，當他們有不吃飯或撕扯衣服的類似舉動時，不要呵斥，任其而為。

後來，這位女孩被治癒了。一年之後，她依然沒有表現出任何病態。有一天，我在前往她住過的那所精神病院的路上，遇見了她。

她問我：「你要去哪裡？」

我說：「你和我一起去吧！我要去那所你曾待過兩年的醫院。」所以我們一起去了醫院，我們見到了曾經為她治療的醫生，我在為其他病人看病的時候，我讓那個醫生陪她聊天。可是，當我再回來見到他們的時候，我發現那位醫生臉上的不悅。

他說：「她的確完全康復了，但她不喜歡我，這讓我很生氣。」

在後來的十年裡，我時常遇見那位女孩，她已經沒有任何不正常的反應了。她可以賺錢養活自己，與他人相處亦很融洽，別人都看不出她曾是一個精神疾病患者。

從妄想症和憂鬱症患者的身上，我們可以更明顯地看到與人疏遠的現象。妄想症患者會抱怨所有人，他認為世界上其他人都聯合起來與自己對抗。憂鬱症的患者則過於自責，例如，他們總說「是我毀壞了我的家庭」或「我的錢全丟了，我的孩子一定會挨餓」。然而，雖然這個人一直在責備自己，但那不過是用來演戲的道具而已，其實他責備的是別人。

例如，一個頗有影響力的女人，在經歷了一次意外之後，無法再繼續她的社交活動；而她的三個女兒都已出嫁，所以她感到非常孤單。與此同時，她的丈夫又去世了。從前，她一直是備受寵愛的人，所以她想找回失去的一切。她開始環遊歐洲，但她卻再也感受不到之前的重要地位了，於是在國外的時候，她罹患了憂鬱症。

對於處在這種環境的人來說，憂鬱症是對她的一大考驗。她發了一封電報給女兒們，叫她們來看望自己，但每個人都有不同的理由，最後沒有任何人赴約。她回到家後，就開始常常嘮叨一句話：「女兒們對我都很好。」女兒們讓她一個人住，為她請了保姆，只是偶爾過來看看。她說的那些話其實是對女兒們的一種責備，了解內情的人都明白她的意思。憂鬱症患者對別人的怨恨和責備，其實只是想得到關愛和同情。憂鬱症患者最初的記憶常常是這樣：「我記得自己將要躺在一把長椅上的時候，我的兄弟過來搶走它。所以我就開始哭鬧，最後他們只好讓給我。」

憂鬱症患者常常選擇自殺，以對他人進行報復，所以醫生首先要做到的就是，不要為他們的自殺提供任何藉口。我解決這類問題時，總愛說這樣一句話：「任何時候都不要做你不喜歡的事。」這看似微不足道，但是卻可以觸及問題的本源。如果一個憂鬱症患者可以為所欲為，那他還有什麼可以責備的呢？他還能夠報復誰呢？我對他說：「如果你想去電影院或者去度假，那就去吧！如果走到半路你又想回來，那就不要去了。」

這是任何人都可以達到的境界，這樣可以使他滿足對優越感的追求。他覺得自己像神一樣，想做什麼就做什麼。但是，這種境界卻很難與他的人生態度相一致。他一直想控制別人，但是如果人人都順著他，他也就沒有必要去控制他人了。我採取的這種方法很有效，我的患者中沒有一個人有過自殺行為。其實，最好的辦法是找人看管他們，但是卻不能對他們嚴加看管。只要在旁邊加以照顧，那病人就不會有危險了。

當我提出自己的意見時，病人常說：「我沒有什麼喜歡的事可以做。」我對這種回答早有準備，因為我已經聽過太多類似的話。我說：「只要不做你不喜歡的事就可以了。」

有時病人也會這樣說：「我只想每天在床上躺著。」

我知道如果我建議他這麼做，他肯定不會這麼做；如果我阻止他的行為，他就會與我對抗，所以我使用的方法之一就是順著他的意思。除此之外，還有一種直接挑戰其人生態度的方法，我對他說：「只要你按照我的意思去做，我保證你會在兩周之內好起來，那就是『每天都要想辦法讓別人快樂』。」

試想一下，這樣做會有什麼結果呢？平時，他們滿腦子想的都是：「我該怎樣給別人添麻煩呢？」

他們的回答會很可笑。有的人說：「這很簡單呀！我一直都是這麼做的。」

當然，事實上，他們從沒有這麼想過。我想讓他們好好思索這個問題，可是他們卻不會照我的意思去做。我對他們說：「在你不睡覺的時候，你可以想想如何讓別人開心，這樣做很有利於你的康復。」

改天，我再問道：「你們有沒有考慮我的建議？」

他們卻說：「一回家就睡著了。」

當然，與他們交流、溝通的時候，我們一定要和藹、友善，不能有任何訓斥的意思。

有人會說：「我從來沒有想過如何讓別人快樂，我都還非常厭煩呢！」

我會說：「那你就繼續煩吧！不過有時間的時候，還是可以考慮一下別人。」我想讓他們把興趣轉向別人。

也有很多人會說：「我為什麼要讓別人開心？他們也沒有讓我開心呀！」

我回答：「可是你必須想到自己的健康，如果你不為別人著想，那就會使你受到傷害。」

據我所知，幾乎很少有病人會說：「我仔細想過你的建議了。」我所做的一切都是想讓病人增加對社會交往的興趣。我知道他們罹患疾病的主因是缺乏與人合作，我同樣想讓他們知道這一點。只要他可以在平等合作的基礎上與人交流，他就得以康復了。

過失犯罪

缺乏社會交往還會引起另一種情景，即過失犯罪。例如，一個男人因為隨手扔了一根點燃的火柴而引發一場森林大火；或是最近發生的一件事，一個工人將一段電纜暴露在外就回家了，結果一輛摩托車經過的時候撞了上去，駕駛當場死亡。在這兩個案例中，肇事者並非想傷害他人。從道德上來說，他們似乎沒有任何責任。但從安全方面來說，他無法自覺地考慮到他人的安全而採取防範措施，也是缺乏合作精神的一種表現。有關此類事例，我們還常常看到，一個破衣爛衫的孩子踩了別人的腳、摔碎了杯子、弄壞了公共物品等損人不利己的事情。

社交興趣與社會平等

世界上的確有很多罪惡、挫折、不公和磨難，但這是我們的世界，無論善惡美醜，這都是不爭的事實。

家庭或學校是培養孩子合作精神的場所，對於阻礙孩子成長的因素，我們之前已經提過。也許社會責任感並不是遺傳所致，但是社會責任感的潛能卻和遺傳有著密切連繫。影響這種潛力發展的因素有父母培養孩子的技巧、父母對孩子的關心程度、孩子對周圍環境的判斷等。如果孩子認為周圍的人都是仇敵，他認為自己時刻被一群敵人包圍著，那他肯定無法結交朋友，也不會有人將他視為朋友。如果他覺得周圍的人都應該受他的驅使，那他想到的也不是如何幫助別人，而是如何控制別人。如果他只關注自己的感覺或身體上的不適，那他就無法敞開心扉與人交往。

我之前已經說過，為什麼孩子應該把自己視為家庭中的一員，並對其他人懷有關愛之心。我們還講到父母之間應該和諧相處，並將這種和諧和友好延伸至家庭之外，這樣就會讓孩子覺得家人和周圍的人都是一樣值得信賴的。我們還說，應該讓孩子認為自己是校園班級中的一員，同學之間都是好朋友，他們的友誼是可靠的。家庭和學校的交往，都是為了孩子們日後步入社會的準備。家庭和學校的責任就是培養孩子，使其成為人類社會中的一員。唯有在這種情況下，他們才有勇氣和信心面對人生的挫折，才可以做有益於社會的事情。

如果一個人是眾人的朋友，並將有益的工作和美滿的婚姻貢獻給社會，那他自身就不會再有自卑感和挫敗感。他會覺得自己生活在一個自由自在、充滿愛心的世界中，他所見的都是自己喜歡的人，當遇到困難時會有人與其一起承擔。他會覺得：「這個世界是我們共同的世界，我們必須事事付諸行動，不能觀望退縮。」他也會明白，現在只是歷史長河中的一個微小階段，而自己則屬於人類過去、現在和未來的一部分。他也會感受到，此時正是自己完成開創性工作、為人類貢獻力量的時候。世界上的確有很多罪惡、挫折、不公和磨難，但這是我們的世界，無論善惡美醜，這都是不爭的事實。我們在這裡工作，試圖使它更加美好。我可以肯定地說，如果人人都可以用正確的態度面對自己應該承擔的責任，就不會辜負自己肩負的歷史使命。

擔負起自己的職責，也就意味著以合作的態度承擔起解決人生三大問題的責任。我們對一個人所提出的最高要求和給予其的最高榮譽就是，在工作中，是一位好員工；在朋友中，是一位好夥伴；在愛情和婚姻中，是一位好伴侶。總而言之，一個人應該證明自己就是人類最忠實的朋友。

VII

第七章

愛情與婚姻

Love and Marriage

婚姻關係並不是神祕不可測的，
因為他們對待婚姻的態度
已經從他們的人生態度中反映出來。
所以，只有全面了解一個人，
才可以知道他對婚姻的態度，
這和他人生的追求是相一致的。

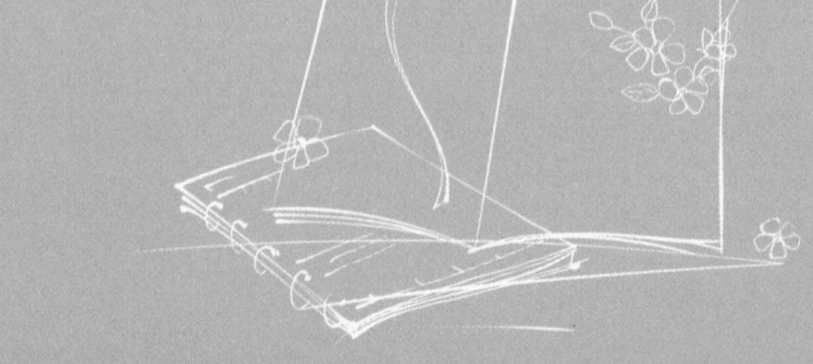

愛情與合作、社會興趣的關聯性

也許我們可以說性行爲是人的一種本能，但是愛情和婚姻並不只是爲了滿足性的欲望而已。

據說在德國的某一地區，一直流傳著一個古老的習俗，它可以測定未婚男女是否適合在一起生活。在結婚前，他們會被帶到一片空地上，那裡放著一棵被砍倒的樹。旁人會將一個需要兩人合拉的鋸子放到他們手中，讓他們把眼前的樹鋸為兩截。由此，可以看出他們之間的合作默契。這項工作需要兩個人才能完成，如果他們之間沒有默契，那只會白費功夫，難以達成。如果一個人想獨攬此事，那耗費的時間則會延長兩倍，所以兩人必須共同努力，互相配合。這一地區的人們認為這就是幸福生活的前提。

如果有人讓我解釋什麼是愛情和婚姻，我將會做如下回答，但這一答案可能並不完整——愛情的結果是婚姻，他們都是一方對另一方的付出，愛情是以身體吸引對方、兩人相伴終生並延續後代的行為。愛情和婚姻需要合作，這不單是為了雙方的幸福，更是為了全人類的幸福。

愛情和婚姻是為了全人類的幸福所完成的合作，即使是人類最原始的肉體吸引，也是必不可少的。我之前提到，正因為人類的生存受到各方面的約束和限制，所以無法在地球上永存。而人類想要延續種族的方法就是繁衍生息，所以身體的吸引和生育能力是人類不可或缺的特質。

每個人對於愛情的闡述不盡相同，其中所遇到的問題也大不相同。已婚男女會遇到各種難題，並且受到自己父母的關注，所以他們的難題會對整個社會產生影響。若想解決這些問題，就不能對事物的分析存有偏見。我們必須公正地討論這一問題，不要讓其他因素干擾這場自由而全面的爭論。

然而，我指的並非是把愛情和婚姻完全孤立，再加以分析。在處理此問題時，我們不可能不受任何約束，也不可能完全憑個人想法解決。人人都會受到環境的限制，所以我們解決問題時也要考慮環境的因素，並與之適應。正如我們之前分析人生的三大制約一樣：一、我們生活在地球上，就必須適應這個環境，並在這樣的環境中生存。二、我們和其他人共同生活在這個社會中，所以必須與人相處。三、人類由兩種性別組成，人類的延續和進展必須依賴於兩性關係的良好發展。

由此可見，如果一個人將其人生的價值歸於對他人和社會謀取利益，那他做任何事情的時候都會首先想到他人。在愛情和婚姻的問題上，他同樣也會想到這是一個關係到全人類的問題。他雖然這樣做，但可能自己並未意識到，如果你問他這麼做的原因，他可能不知如何作答。但是，他一直在無意中為人類的幸福做出貢獻，這種想法已經體現在他的所有行動之中。

有些人對人類的幸福極度漠然。他們從不會問：「我可以為他人做些什麼呢？我該如何做才能成為社會中的優秀人物呢？」而是常常問：「我可以從中得到哪些利益？我得到的關心夠多嗎？我是不是贏得了他人的關注？」一個持此種態度對待人生的人，對愛情和婚姻的問題同樣亦是如此。他會想：「我該如何才能遠離這個麻煩？」

有些心理學家認為，愛情是人的一種本能，然而事實並非如此。也許我們可以說性行為是人的一種本能，但是愛情和婚姻並不只是為了滿足性的欲望而已。如今，我們發現人類的各種衝動和本能也在不斷進步，比從前更加文明和高尚。我們逐漸摒棄了一些粗俗的欲望和愛好，例如，我們在處理婚姻問題時，學會了如何避免爭吵；我們也學會了衣冠楚楚、禮貌待人；即使在饑餓之時，也不會不顧一切地狼吞虎嚥，而是表現禮儀和文雅的態度。在文明的促使下，我們抑制了自身的衝動，從中看到人類對於社會和諧所做出的貢獻。

如果我們將這種認知應用於愛情和婚姻，就會發現它牽涉到了大眾的利益。如果在婚姻中只考慮某一方面，是無法徹底解決問題的，不管是協商、讓步還是制定新的規則，最終我們還是必須考慮整體的利益。也許我們已經找到不錯的解決辦法、找到令人滿意的答案，但是我們也一定考慮了這一因素——地球上的人類由兩種性別組成，他們必須合作才能順利生存。只要我們將這一因素也加以考慮，那所得出的真理就經得住所有考驗。

在研究這一問題之前就會發現，原來婚姻是一份需要兩個人共同合作的工作，且對於許多人來說，這一工作是全新的領域。在婚姻之前，我們已經學會了自立、融入團體，但是配對工作還是較少接觸的。所以，解決這一問題定會有一些困難。若雙方都互相傾心，這一問題相對來說容易解決，因為他們總是主動給予對方關心。

其實，我們可以這樣認為，為了讓夫妻之間的關係更加和諧，我們需要給予對方更多關心，甚至勝於自己。唯有這樣，我們的婚姻才會真正美滿幸福。從這一觀點思考，我們就可以更清楚地看到自己在婚姻中所犯的錯誤。如果給予對方的關愛勝於自己，那他們之間就是平等的。如果雙方都將心奉獻給對方，就不會有所約束或存有自卑感了。但是，若想真正平等，那雙方都必須持這樣的態度。唯有我們努力為對方付出，對方才會產生安全感，才會認為自己是被需要的。

再次，我認為婚姻幸福的基本前提是——你是最有價值的，你被我所需要，你是很優秀的，你既是我的伴侶又是我的朋友。這雖然只是一種感覺，但卻需要用行動說明。在婚姻的合作中，任何一方都不想讓自己處於附屬地位。如果一起生活的兩個人，總有一個人在支配或強迫著對方，那他們之間就不存在幸福。在現在的社會中，很多男人甚至女人，都一直認為男人應該是一家之主、應該統治著家中的女人。這也是很多婚姻不幸福的原因，因為任何人都不想毫無理由地附屬於他人之下，所以唯有地位平等的夫妻，才能夠共同克服生活中的困難。例如，在延續後代的問題上他們需要達成一致意見。如果他們不想要孩子，人類就無法發展。在子女教育的問題上，他們也需要達成共識。當婚姻中出現裂痕時，他們必須想方設法地補救，因為不幸的婚姻對子女的健康成長沒有任何益處。

婚前準備

在與父母的共同生活中，他可能沒有感受過幸福，但這也會激發他對美好生活的憧憬，導致他盡力讓自己的婚姻幸福美滿。

很多夫婦都對婚姻中雙方的合作毫無準備，因為我們總是過於關注自己的成功、關注生活給予我們的利益，而不去想我們為生活帶來了什麼。兩個人結婚後，便需要他們彼此以誠相待、緊密無間，但是，如果他們不能真誠相對，那後果將非常嚴重。因為多數人是第一次接觸這種關係的合作，所以通常無法馬上讓自己為對方的興趣、目標、理想設想，他們還沒有做好足夠的準備共同應對生活中的難題，其實這也可以理解。

由此，我們對生活中的錯誤就能夠加以解釋了，但是現在我們要做的是認清事實，讓這種錯誤不再發生。

生活方式和父母的婚姻

如果沒有經過訓練，成年生活的危機總會令我們手足無措、無從下手，因為我們對於危機所做出的反應始終與我們的人生態度相應。我們對於婚姻的準備也不是一蹴而就的，若觀察一個孩子的言行舉止、想法態度，我們就能預測他成年之後的處事方法。一般來說，在五、六歲的時候，就已經對愛情有了初步的認知。

童年時期的孩子就已經具備對愛情和婚姻的看法，但是這裡指的並不是他們已有性需求，而是他們已經意識到這是人類生活的一部分。因為他們生活在充滿愛情和婚姻的環境中，所以這種意識會無意間闖入他們的思想。他們必須了解這些事情，並產生自己的想法。

當兒童時期的孩子表現出對異性的喜愛，並擁有自己喜歡的對象時，並不能將之視為荒謬或性早熟，也不要因此取笑他們。我們應該認為這是對愛情和婚姻的準備，我們不能忽視這件事，反而應積極引導，讓孩子明白婚姻是人生的一件大事。

婚姻可以讓我們為了人類的利益做出貢獻，因此需要我們提前做好準備。我們可以在他們的意識中種下這樣一種思想——在今後的生活中，夫妻一定要互敬互愛。我們會發現，受到這種引導的孩子很自然地得以擁有和諧完美的婚姻，即使他的父母婚姻並不幸福。

如果父母的婚姻幸福美滿，孩子也會對婚姻有更大的信心，因為孩子對於婚姻的早期認識就是從父母那裡得來的。家庭支離破碎的孩子，總會遇到更多困難。如果父母的婚姻無法合作，又怎麼能將這種精神傳達給孩子呢？當我們觀察一個人是否適合結婚時，應該先觀察他的成長環境，以及其對父母和兄弟姐妹的看法，最主要的還有他談婚論嫁的條件是什麼。我們必須嚴肅對待這一問題，因為我們已經知道，環境並不能決定一個人的思想，他的思想應該是由他對環境的看法所決定。由此可見，他對環境的看法十分重要。在與父母的共同生活中，他可能沒有感受過幸福，經歷了許多挫折，但這也會激發他對美好生活的憧憬，導致他盡力讓自己的婚姻幸福美滿。因此，我們不能從一個人的成長環境全面肯定或否定他。

Adler 友誼與工作的重要性

友誼是培養社會責任感的一種方式。透過友誼，我們可以學會推心置腹，以及如何體會別人的心情和感受。如果一個孩子遇到情感挫折、無法脫離保護、孤孤單單地長大，他就無法發展出為他人設想的能力。他總認為自己是世界上最重要的人，而且總是急於優先考慮自己的利益。

學會交朋友是為婚姻做的一種準備。如果孩子們的遊戲具有培養合作精神的作用，那將會對他們的人生大有幫助，但我們往往發現，孩子之間的遊戲多數是相互爭鬥或以超越對方為目的。我們應該營造兩個孩子一起做功課、一起讀書、一起學習的環境氛圍，那將會很有益處。我還認為，不應該輕視舞蹈的價值。跳舞是兩個人共同參與的一項娛樂活動，學習跳舞對孩子很有好處。當然，我指的並不是今天的那種舞蹈，因為它與其說是兩個人的活動，不如說是一個表演項目。如果我們有專供孩子學習的簡易舞蹈，將對他們的成長發育更有幫助。

還有一件能幫助人們為婚姻做好準備的事情就是「工作」。現在，人們總是將工作問題置於結婚和戀愛問題之前。婚姻中的一方或雙方，必須先有一份工作，這樣才能保證婚後的生活，並支撐起一個家庭。所以，很顯然的，良好的婚姻準備也包括良好的工作準備。

性教育

我並不主張父母太早讓孩子了解性方面的知識，或是讓他們知道超出他們理解能力的性知識。孩子對婚姻抱持什麼看法十分重要，如果教導有誤，他們會認為這些問題是危險的，或者與他們毫無關聯。據我所知，那些過早涉及性知識的孩子和性早熟的孩子，在長大之後反而會對愛情產生恐懼。對他們而言，身體的吸引是非常危險的事情。如果孩子在長大後再了解性知識，就不會產生恐懼了，在處理男女關係上也會更加適當。

我們不應欺騙孩子，也不要刻意回避他們的問題，這樣才是幫助他們的祕訣。我們應該了解問題背後所隱藏的東西，並向他們解釋他們想知道且他們所能理解的事情。將性知識毫不隱瞞地告訴孩子，對他們而言是最危險的。最好讓他們自己解決這個問題，孩子會憑藉自己的能力去學習自己想要了解的知識。如果孩子和父母之間相互信任，孩子就不會在這方面出現問題。

還有一些人存有這樣的憂慮——如果孩子的同齡人將一些不良資訊傳給他們，引導他們走上邪路呢？但是，我從沒有見過一個在其他方面都很優秀卻偏偏在此方面受害的孩子，因為一個受到良好教育且有獨立思考能力的孩子，是不會受到那些閒言碎語的引誘。對於出自於同學口中的事，孩子並不會輕易相信，因為他們都有自己的鑑別能力。如果他們真的不知道別人話語的真假，就會去詢問自己的父母或哥哥姐姐。但是，我不得不承認，孩子對於這方面的敏銳程度更甚於他們的父母，所以往往不好意思發問。

影響擇偶的因素

成人之間的互相吸引，在兒童時期就已初露端倪。孩子們會博得異性的好感，或對異性產生好感，而這些情感都是從身體的吸引開始。如果一個男孩從自己的母親、姐妹或其他女孩身上得到了好的印象，那麼這種印象就會對他日後擇偶的條件產生影響。有時，他們也會被畫中的虛假人物所吸引，認為那是他們心目中的美女。所以，我們可以這麼說，每個人在生活中都不是完全自由的，而是已經受到了某種思維的約束，從而朝這一方向選擇人生。

這種對美的追求並非毫無意義。人類一直將美貌和健康的體魄視為審美的基礎，所以一直致力於讓自己成為這樣的人。在我們的眼中，美是永恆且對人類有所貢獻的東西，我們希望自己的孩子長大後能給人留下美好的形象，這也正體現了美的魅力。

如果在現實生活中，女孩和自己的父親關係不融洽，或者男孩和自己的母親之間不和諧（如果父母在婚姻中無法良好地合作，常常會發生這種事情），那他們就有可能找一個與自己父母性格完全相反的人作為配偶。例如，某個男孩的母親很刻薄，常常壓制別人，而男孩偏偏性格軟弱，害怕別人的壓制，那看似兇惡的女人就不會讓他產生任何好感。這樣就有可能讓他走入誤區，即他只喜歡和順從他的女孩交往。但是，這樣的婚姻並不平等，也一定不會幸福。如果他想向別人證明自己是一個強勢的男人，那麼還有可能找到一個看似強勢的女人，然後不斷壓制他，從而顯現自己的「男子氣概」。如果他從小就與母親關係淡漠，那長大後就有可能在愛情和婚姻中受挫，甚至對女性身體的吸引毫不在意。這種影響如果太過強烈，還有可能造成他日後對女性的排斥和厭惡。

婚姻中的合作關係

婚姻中的合作需要的是勇氣而非恐懼，如果男女是因爲恐懼的心理而選擇對象，那他們的合作也不會是自願的。

在婚姻中，若只顧及自己的利益，那就是對婚姻的最大忽視。如果存有這樣的思想，那此人就會整天想著如何從生活中尋求快樂和刺激，而不想受到婚姻的任何約束和限制，更不會想到對方的生活是否快樂和舒適。這是對婚姻的極大破壞，這樣的婚姻無法長久，終究將葬送在自己手中，這種辦法不可模仿。所以，我們在戀愛中，不能只想著享樂而不願意承擔責任。

婚姻中如果摻雜了猶豫和猜忌的成分，就已註定無法幸福。婚姻中的合作需要一生的時間，如果沒有任何承諾，就不能算是真正的婚姻。此處的承諾並非單指讓愛情長久的誓言，還包括養育子女的決心和對子女教育的承擔，讓他們成為優秀的人，並成為一個講究平等、懂得負責的人。我們應該謹記——婚姻幸福的重要意義在於培育下一代。婚姻同樣是一項工作，其中也有固定的規則可循。如果我們不遵從其中的法則或只遵循其中一部分，就無法收穫幸福的婚姻。

如果我們將自己的婚姻期限規定為一段時期或只規定一段試婚期，就不可能感受到真正的幸福婚姻。如果雙方都為婚姻留有退路，便不可能為對方付出一切。我們應該為所有事情規定一道準則——永遠不可逃避，婚姻亦是如此。那些在婚姻中存有私心並想方設法從中逃脫的人，都將步入歧途。他們的退縮一定會損害對方的利益，從而致使對方不再信任這份感情，不再履行當初的誓言，最終兩人分道揚鑣。

在我們的日常生活中，總有很多問題會對婚姻產生影響，致使我們在婚姻中矛盾重重。人們都想盡力解決，卻總是無法找到適合的辦法。但是，我們並不能因此捨棄婚姻，而是應盡力解決生活中的問題。我們都知道情侶之間必須遵循的一些法則，包括忠誠、真心、相互依靠、沒有私心……。

Adler 逃避行為

疑心過重的人根本不適合結婚，如果雙方都想保留自己的自由，就不會產生真正的婚姻。既然已經走進婚姻，就代表我們不能再隨意而行，而是應與對方保持合作、共同生活。下面我將舉例說明，一個獨斷專行的人既違背了婚姻的基本法則、對夫妻雙方造成了傷害，也是不合情理的。

這一對夫婦都是有文化、有素質的人，可是他們的婚姻並不幸福，最後導致離婚。隨後，他們都開始尋找新的伴侶，但他們依然不知道自己上次婚姻失敗的原因。他們一直希望自己的婚姻和諧並為之努力，可是他們卻不懂得何為責任感。他們只想享受現代的婚姻生活，卻不想受到婚姻的任何約束。所以他們做出協商，那就是給雙方足夠的自由。對方可以做自己想做的任何事情，但雙方應互相信任，不得隱瞞所有事情。

丈夫似乎比妻子的行為更大膽。每天回家，丈夫都會高談闊論他在外面的許多「花邊新聞」，妻子對此也不忌諱，而是聽得津津有味，甚至誇獎丈夫深具魅力。後來，她也想讓自己的生活變得像丈夫一樣「豐富多彩」，但她還沒來得及開始自己的計畫，就患上了廣場恐懼症。此後，她不敢再獨自出門，只想待在家中。只要一邁出家門，她就會產生恐懼感，不得不再次回到室內。這種恐懼症讓她無法實現出軌的想法，但事情到此還沒有結束。由於她不敢單獨出門，所以丈夫不得不整天相伴左右，從而失去了原來的自由；而妻子也因為患病不敢隨便出去，當然也就失去了自由。如果她想讓自己的病痊癒，就必須對家庭有更正確的認知，而她的丈夫也要對家庭擔負其責任，讓婚姻中的合作關係得以成立。

有一些錯誤在婚姻開始就已存在了。那些在家中被驕縱的孩子，在婚後常常感覺被旁人忽略，他們並不知道如何調整自我。被驕縱的孩子常常成為婚姻中的領導者，所以導致對方認為自己是一個出氣筒，時時受他人統治，於是就想奮起反抗。如果夫妻雙方都是被嬌慣的孩子，那他們之間的衝突一定更加嚴重。因為他們都是以自我為中心，所以對彼此都不甚滿意，從而導致逃避，於是漸漸開始向外尋求自己的欣賞者，婚姻也就由此而變味。

有些人對待愛情從不專一，總是想和數個人同時戀愛，他們在多種戀愛中搖擺不定，不知道自己的責任是什麼。這樣的愛情只會是一場空。

還有些人總是沉浸在自己幻想的愛情之中，包括浪漫、感動、激情，各式各樣。他們根本不知道何為現實的愛情，更不知道如何對待自己的伴侶。過於浪漫的設想可能帶走他們的愛情，因為現實中根本沒有這種浪漫的婚姻。

有些人因為在成長過程中遇到某些問題，所以對自己的性別反感或厭惡。他們開始壓抑自己的性欲望，且並不認為這是病態，這樣的人在生理上永遠得不到幸福的婚姻。這就像我們之前所說的，因為過分重視男性而引起的「男性傾慕」。如果孩子對自己的性別角色產生懷疑，就會失去安全感。如果他們心中認為男性具有統治地位，那不論男孩或女孩，都會對男性角色產生敬仰之情。而後，他們會開始懷疑自己是否有資格扮演這個角色，所以讓自己極度男孩化，並極力將這種感情表現在外。

我常常遇到那些對自己的性別並不滿意的孩子們，這可能是由於女性的性冷淡症或男性的心理萎縮症所造成。這些人常常透過身體的抗拒而拒絕愛情和婚姻，這些事情是無法避免的，除非他們真正認為男女平等。而且，世界上有一半的人可以為自己對性別的不滿找到充分的理由，這無疑是婚姻中的一大障礙。所以我們必須消除這一障礙，也就是讓他們了解男女平等的事實，並排除他們對於性別角色的憂慮。

我認為，婚前不發生性關係是婚姻和諧甜蜜的最大保障。因為很多男人在潛意識中都不想接受自己的愛人已不是處女。有時，他們會認為這樣的女人不純潔，也會因此感到憤怒。所以，如果女性在婚前已有性行為，之後便會承受更大的心理壓力。如果促使女性結婚的因素是懼怕而不是勇氣，就會為婚姻帶來很多麻煩。眾所周知，婚姻中的合作需要的是勇氣而非恐懼，如果男女是因為恐懼的心理而選擇對象，那他們的合作也不會是自願的。如果他們的伴侶在地位或素質上明顯不如自己，那他們在婚姻中同樣無法良好合作。

維持婚姻幸福的方法

婚姻其實才是夫妻生活的開始，然而在小說中，似乎一結婚就萬事圓滿，從此就可以終生幸福了。

每一個人對待異性的態度和接觸異性的能力，包括他們的求愛方式，都不盡相同。其實，這些行為都與他們的人生態度相一致。透過一個人在戀愛中的言行舉止，我們就可以看出他們對未來是否自信、是否有合作精神、是否總以自我為中心，以及是否總是臨陣脫逃，並且常常詢問自己：「其他人到底會如何看我呢？我會在他人心中留下什麼樣的印象呢？」

當一個男人與女人相處時，也許會謹小慎微，也許會激情洋溢，不過不管他們表現出什麼樣的行為方式，都會與他對待人生的態度相一致。我們不能根據一個人在求愛時的表現判斷他是否適合結婚，因為這時他已經有了一個表達愛的對象。如果在其他場合，也許他並不是一個善於言談的人。但不管怎樣，我們仍可從中了解到此人的某些性格。

在一般人的觀念中，都會認為男人應該主動示愛。所以只要這種傳統觀念還存在，男孩就應該主動去做男人該做的事——主動示愛、毫不猶豫、不能退縮。只要他們認為自己是社會中的一分子，且知道自己的優缺點，就應該具備這樣的素質。當然，女性同樣也可以主動示愛，然而在現代人的觀念中，還是認為女孩應表現矜持，但還是可以將自己的態度表現在言行舉止中。總而言之，男人表達愛要主動直白，而女性則要委婉隱晦。

性吸引力

夫妻之間必須有性吸引力，但是這也必須根據人類的幸福發展。對彼此互感興趣的夫婦，性吸引力是不會消減的。如果有這種情況發生，只能說明他們對彼此的興趣減少了，他們之間不再擁有信任、合作與和諧，他們的生活也不再有樂趣可言。有時在他人看來，他們之間還有愛情，但身體的吸引力已經消失了。其實，這種說法並不正確。有時候人們總是言行不一、貌離神合，但他們的身體卻不會說謊。如果沒有身體上的依戀，那就沒有共同語言可言。這說明他們兩人已對婚姻失去興趣，至少其中一方已不想再面對這樣的婚姻，選擇極力逃避。

人類的性欲是持續性的，與動物的發情期大不相同。這就從另一方面為人類提供了幸福的保障，也可以使人類得以持續繁衍後代。而對於動物，大自然則會採用其他方式讓牠們生存下去，例如，牠們可以一次產下很多蛋或卵，雖然其中有很多會遭到破壞，但是還有許多得以保存下來，再孵化成幼雛。

人類也一直用生兒育女的方法讓自己的後代得以延續。所以，我們可以慢慢發現，在婚姻關係中關心人類未來幸福的人，總是願意生育後代，但那些有意無意對人類表現反感的人則不想生育。在那些人的眼中，自己是最重要的，孩子只不過是負擔或累贅，養育孩子會浪費自己的時間或精力，不如將時間花在自己身上。所以，若想解決愛情和婚姻的問題，就必須繁衍後代。我們應該明白，和諧的婚姻可以為下一代提供良好的教育，而養育子女也是婚姻中必須要做的事情。

Adler 艱苦與現實

現在，一夫一妻制可以直接解決婚姻中的問題。這樣的婚姻關係需要雙方互助互愛、共同合作，才能使婚姻基礎穩固，且不會發生互相逃避的問題。我們知道，婚姻破裂也是生活中常見的狀況，我們總是無法避免。然而，如果我們把婚姻和愛情視為一種責任、一種職責，就可以減少這種事情的發生。所以當婚姻中出現問題時，我們應盡早彌補。

一般而言，婚姻中的裂痕是因為夫妻雙方沒有盡到自己的義務，他們總幻想著幸福生活的到來，但自己卻不為此努力奮鬥、主動贏得幸福的婚姻。如果抱持這樣的態度，那婚姻問題肯定無法解決。如果幻想婚姻有如童話故事般美好，或將婚姻視為愛情的墳墓，都是大錯特錯的。當兩個人真正步入了婚姻，他們之間的各種關係才真正成立，而正是因為有了婚姻，他們也才開始正式面對人生的職責，才擁有了為社會創造貢獻的機會。

現在還流行著另一種說法——結婚是一個終結或另一種新生活的開始，就像很多小說中所描述的，「有情人最終都會終成眷屬」。但是，婚姻其實才是夫妻生活的開始，然而在小說中，似乎一結婚就萬事圓滿，從此就可以終生幸福了。我們必須了解，結婚並不是解決所有問題的方法。愛情的種類各式各樣，若想真正解決婚姻問題，還必須有共同的興趣愛好，懂得如何互助互信、互相合作。

婚姻關係並不是神祕不可測的，因為他們對待婚姻的態度已經反映了他們的人生態度。所以唯有全面了解一個人，才可以知道他對婚姻的態度。例如，我能夠明確指出那些被寵壞的孩子對待婚姻的態度——當遇到問題時，就千方百計地試圖逃避。

在社會中，這類人是最危險的。他們常常問：「我會得到我想要的一切嗎？」如果他無法得到自己想要的東西，就會覺得人生乏味。他們會這樣認為：「如果連我想要的東西都無法得到，那活著還有什麼意義呢？」他們的思想將逐漸消極，甚至產生「尋死」的想法，以至於把自己弄得神經兮兮、疑神疑鬼。他們還會從自己的處事態度中總結一套處事方法，並認為自己的錯誤觀點是絕無僅有的，而且無人能及。在他們心中，如果自己的欲望或情感被壓抑，那就是給自己找麻煩，他們就在這樣的思想中逐漸成長。在過去，他們都曾有過一段美好的生活——要什麼有什麼、想怎樣就怎樣。而此時，有些人仍然以為自己再哭鬧下去、再反抗下去、再固執下去，旁人就會妥協，自己仍可以得到自己想要的東西。他們並沒有意識到個人應該和社會相融合，而是只想到自己的利益。

結果，他們不願奉獻自己的一絲一毫，只想不勞而獲，甚至貪得無厭。婚姻在他們眼中同樣是隨意而為的，他們嘗試感情中的各種接觸方式，同居、試婚、結婚、離婚。他們不想受到任何束縛，只要他們不想要某一段婚姻，便會輕易拋棄，轉而尋求新的戀情。如果兩人之間擁有真正的愛情，那他們必定具有以下幾點特徵：忠實可靠、有責任感、值得信賴。我認為，無法處理婚姻關係的人，也無法在社會中扮演好自己的角色。

婚姻還有一個必要的條件——關心孩子。如果我們的婚姻不是建立在誠實互信的基礎上，那麼對於孩子的撫養也會出現很多問題。如果父母經常吵架、對婚姻毫不負責、對於婚姻中的問題從不積極解決，那這樣的家庭對培養孩子是沒有任何好處的。

解決婚姻問題

有些人根本不適合生活在一起，這可能是由很多原因所造成，但不管怎樣，他們最好盡快分開。那分開的決定到底該由誰來判斷呢？是由那個對婚姻沒有責任感的人嗎？是那個只考慮自己利益的人嗎？如果他們對離婚的態度和對待結婚的態度一樣，總是想著「我會從中得到什麼益處」，那這樣的人顯然不適合做決定。

我們經常看到，那些結婚多次的人總是不斷地重複自己的錯誤。那麼到底該由誰來決定婚姻是不是應該終結呢？我想，當你認為自己的婚姻不可繼續時，最好由心理學家決定是不是應該分開。當然，在我們國家，這是很難辦到的事情。

我不知道美國是否如此，但是我發現，歐洲的心理學家常常把個人的幸福放在最重要的位置上。如果有患者向他們求救，他們常常建議患者找個情人，認為這樣就可以解決問題，我想他們早晚會否定自己的做法。他們提出這種建議的原因是，他們並不了解問題的整體性，以及這一問題和其他工作的關係。其實這種關係應該被我們所重視。

那些把婚姻視為個人問題加以解決的人，同樣會出現這類問題。美國的情況我仍然不了解，然而在歐洲，如果一個男孩或女孩在精神上有某些病症，那些醫生同樣會讓他們去找情人或開始發生性關係。對於成年人，他們也會這樣指導，因為在他們心中，愛情就是一劑良藥。但如果任由所有人服下，定會對自身有害無益，患者將迷失方向。

將愛情和婚姻問題處理妥當，將是完美人格的體現。愛情和婚姻與一個人的幸福和價值緊密相連，它不是兒戲，更不是救助罪犯、酗酒者和精神病患者的靈丹妙藥。有精神疾病的人必須先將自己的病治好，然後再考慮婚姻和愛情的問題。如果他們還沒有能力處理婚姻問題就匆忙結婚，肯定會遭遇很多難題和痛苦。維持幸福的婚姻需要很高的境界，如果有些人還沒有做好承擔責任的準備，就無法處理好這個問題。

有時，結婚的目的也並不純潔。有的人完全是為了錢財，有的人則是為了人情，有的人只是為了找一個僕人，這些都與婚姻的高尚品質相違背。有些人甚至會說結婚就是為了給自己增添煩惱。例如，一個男人在事業或學業上都不盡如人意時，他會覺得自己一無是處。此時，他會選擇結婚，然後藉口說是婚姻牽絆了自己，導致他無法取得成功。

Adler 婚姻與男女平等

高估或低估愛情的重要性都是不對的，這就需要我們將之放在正確的位置上。在我所見過的所有婚姻破裂事件中，受害者往往是女性。在我們的想法中，常常認為男性的約束比女性更少。其實這樣的觀點是錯誤的，但這種思想並不會因為我們個人的力量而改變。尤其是在婚姻中，任何一方的反抗都會對婚姻造成損害。若想改變這種狀況，就需要改變自己的觀念。我的一個學生在一項調查中得知，有42%的女性希望自己是男性，這足以看出她們對自己性別的不滿。如果對於自己性別不滿的人超過一半，並認為自己的地位不如男性的地位時，人類的婚姻問題又該如何解決呢？如果女性總認為自己的地位低於男人；如果女人一直認為自己是男性發洩性欲的工具，那該如何真正解決問題呢？

綜上所述，我們可以總結出一個簡單而實用的結論。人類並非天生一夫多妻或一夫一妻，我們雖然共同生活在地球上，看似平等，但又確實分為男女兩種性別。生活已經告訴我們，每個人都必須處理好人生中的三大問題。然而，只有一夫一妻才可以正確地處理愛情和婚姻問題。

國家圖書館出版品預行編目資料

自我啟發之父阿德勒的不完美人生指引：克服與重生／阿德勒(Alfred Adler)著. -- 初版. -- 新北市：啟思出版，采舍國際有限公司發行,2019.07 面；公分 譯自：What life should mean to you？
ISBN 978-986-271-863-6（平裝）

1.阿德勒(Adler, Alfred, 1870-1937) 2.學術思想 3.精神分析學

175.7 108007863

啟思 Cheese Group

克服與重生

出 版 者 ◤啟思出版
作　　者 ◤阿德勒(Alfred Adler)　編　　譯◤啟思療癒小組
品質總監◤王寶玲　文字編輯◤范心瑜
總 編 輯 ◤歐綾纖　美術設計◤蔡瑪麗

郵撥帳號 ◤50017206采舍國際有限公司（郵撥購買，請另付一成郵資）
台灣出版中心◤ 新北市中和區中山路2段366巷10號10樓
電　　話◤(02) 2248-7896　傳　　真◤(02) 2248-7758
I S B N ◤978-986-271-863-6
出版日期 ◤2019年7月初版

全球華文市場總代理◤ 采舍國際
地　　址◤新北市中和區中山路2段366巷10號3樓
電　　話◤(02) 8245-8786　傳　　真◤ (02) 8245-8718

全系列書系特約展示
新絲路網路書店
地　　址◤新北市中和區中山路2段366巷10號10樓
電　　話◤(02) 8245-9896
網　　址◤www.silkbook.com

線上 pbook&ebook 總代理◤全球華文聯合出版平台
地　　址◤新北市中和區中山路2段366巷10號10樓
主題討論區◤www.silkbook.com/bookclub　● 新絲路讀書會
紙本書平台◤www.book4u.com.tw　● 華文網網路書店
電子書下載◤www.book4u.com.tw　● 電子書中心 (Acrobat Reader)

本書採減碳印製流程，碳足跡追蹤並使用優質中性紙（Acid & Alkali Free）通過綠色環保認證，最符環保要求。